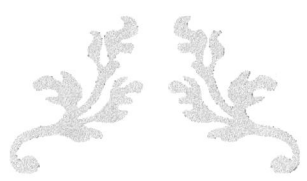

SOFTWAREAREN GARAPEN INDUSTRIALA

Ariketak 2019

ARANTZA IRASTORZA GOÑI
TOMÁS A. PÉREZ FERNÁNDEZ

Aurkibidea

1. EMF

Jarraian hainbat domeinu aurkezten dira, metaereduen bitartez modelatzeko aproposak izan daitezkeenak. Ariketa guztien egiturak hiru atal ditu: *(1) metamodelatzea, (2) implementazioa* eta *(3) eredu baten sorrera.*

Metamodelatzearen atalean, dagokion domeinuaren testuinguruan metaeredu bat sortzea eskatzen da, domeinu hori, bere elementu, erlazio eta murriztapenekin, deskribatu dezakeena. Espero den emaitza metaklaseak irudikatuko dituen diagrama bat izango da, metaklaseak beren atributuekin eta elkarketekin adierazita.

Inplementazioaren atalean EMF tresna erabiliz proiektu bat sortu beharko da, eta hor metaeredua, bere metaklaseak, hauen atributuak eta beraien arteko elkarketak sartuz. Elkarketetan garrantzitsua da agregazio motakoak direnentz zehaztea edota alderantziko elkarketarik-edo baduten. Emaitza metaeredua osorik daukan **.ecore fitxategi** bat izan behar da, eta honi **dagokion diagrama**, Eclipsek metaeredua adierazteko sortzen duena.

Ereduaren sorrerako atala balizko egoera bat errepresentatzean datza, dagokion domeinuan gerta daitekeen egoera hain zuzen. Eta emaitza egoera horren errepresentazioa izango litzateke, Eclipse eta metaeredua erabiliz. Kasu batzuetan ereduaren adibide bat ematen da, eta beste batzuetan ikaslearen irizpidearen esku uzten da norberaren adibidea pentsatzea.

1.1   Primary School

Lehen hezkuntzako eskola batek hiru oinarri nagusi ditu, derrigorrezkoak: ematen diren **kurtsoak**, **pertsonala**, eta **ikasleak**. Kurtsoek eskolan ematen diren kurtsoak adierazten dituzte (adibidez, lehen hezkuntzako 1.a, 2.a, 3.a, etab.). Kurtsoak hainbat taldetan (gutxienez 1) antolatuta daude. Talde bakoitzari irakasle bat esleitzen zaio taldeko **tutore** bezala, eta pertsonaleko bi kide **laguntzaile** moduan. Ikasleak beren familiaren arabera sailkatzen dira, eta bere jaiotze-urtearen arabera handienetik txikienera ordenatzen dira.

Horrela, *Tolosa*ko *Samaniego Herri Ikastetxea*k *lehen hezkuntzako 3* kurtso ditu (1.a, 2.a eta 3.a), eta hemen *2010, 2009* eta *2008* urteetan jaiotako umeak sartzen dira, hurrenez hurren. Talde bakoitzak gehienez *9* ikasle ditu. Lehen mailako (1.) kurtsoak bi talde ditu: A eta B, batek 9 ikaslerekin, besteak 6 ikaslerekin. Zentroko pertsonalaren artean 12 pertsona daude *Lourdes, Mikel, Ana, Begoña, Lierni, Idoia, Irene, Joseba, Jesús, Axun, Marijose eta Alfredo*. Lehenengo lauak 1A, 1B, 2A eta 3A taldeetako irakasle eta tutoreak dira, hurrenez hurren. Gainontzekoak talde horietara esleitutako laguntzaileak dira (binaka). Ikasleentzat lau familia adierazten dira, laburtzearren eta adibide moduan: *Etxeoneta* familian *Eduardo* (2010, 1A), *Estrella* (2010, 1B) eta *Estibaliz* (2009, 2A) daude; *Berrietxea* familiak *Baraxil* (2010, 1A), *Beñat* (2009, 2A) eta *Bertol* (2009, 2A) ditu; *Aurtenetxe* familiak *Aurken* (1A, 2010), *Aintza* (1A, 2010), *Ainhoa* (1A, 2010) eta *Amaia* (1A, 2010) ditu; eta *Dulantzinea* familiak *Deunoro* (1A, 2010), *Diego* (1A, 2010) eta *Diana* (1A, 2010).

1.2   Cities & Utilities

Bedi domeinu bat, non herrialde (*Region*) desberdinetako herriak (*Town*) eta hiriak (*City*) hartzen diren, eta baita hiri horietan kokatutako enpresa publikoak (*Utility*) ere. Horrela, herrialde batean enpresa publikoen eta herrien kopuru zehaztugabea egon daiteke. Hiriak dira bertan kokatutako enpresa publikoak eduki ditzaketen bakarrak (eta gehienez ere 3). Ondoren aurreko domeinua deskribatzen duen metaeredua ematen da.

Idatzi behar den eredua grafiko honen bitartez aurkezten duguna da:

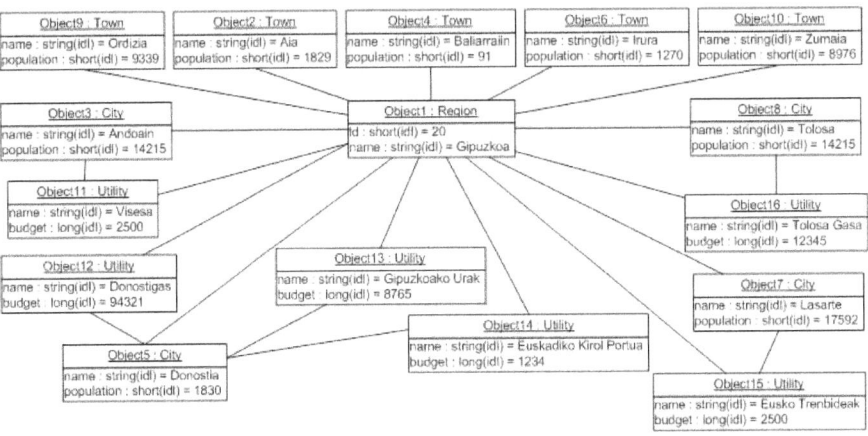

Ereduaren errepresentazio testuala honakoa da:

{1:Region id=20 towns={2, 3, 4, 5, 6, 7, 8, 9, 10} name='Gipuzkoa' utilities={11, 12, 13, 14, 15, 16}}
{2:Town name='Aia' Population=1829 region=1}
{3:City name='Andoain' Population=14215 utilities={11} region=1}
{4:Town name='Baliarrain' Populatio= 91 region=1}
{5:City name='Donostia' Population=183090 utilities={12, 13, 14} region=1}
{6:Town name='Irura' Population=1270 region=1}
{7:City name='Lasarte' Population=17592 utilities={15} region=1}
{8:City name='Tolosa' Population=14215 utilities={16} region=1}
{9:Town name='Ordizia' Population=9339 region=1}
{10:Town name='Zumaia' Population=8976 region=1}
{11:Utility name='Visesa' budget=2500 region=1 city=3}
{12:Utility name='Donostigas' budget=94321 region=1 city=5}
{13:Utility name='Gipuzkoako Urak' budget=8765 region=1 city=5}
{14:Utility name='Euskadiko Kirol Portua' budget=1234 region=1 city=5}
{15:Utility name='Eusko trenbideak' budget=2500 region=1 city=7}
{16:Utility name='Tolosa Gasa' budget=12345 region=1 city=8}

1.3 Application Programming Interface (API)

Amaraunean hainbat APIren informazioa aurki daiteke (ondoren *last.fm* API-aren adibidea erakusten da). Web gune bakoitzak bere formatua erabiltzen du baina oso antzekoa den informazioa dauka, oro har, zerbitzu edo metodo zerrenda bat da. Hau irizpideren baten arabera taldeka antolatuta dago, irakurketa errazteko. Metodo baten inguruan informazio xehetua deskribatzen da: bere izena, deskribapen orokorra, bere parametroen deskribapena (bere izenarekin, datu-mota, derrigorrezkoa den ala ez, etab.), erantzunaren mota, balizko erantzun baten egituraren adibide bat, metodoaren egikaritzapenean zehar gerta daitezkeen balizko erroreen deskribapena, metodoa exekutatzeko erabiltzailea kautotuta egon behar duenentz, metodoak bere egikaritzapenerako mugaren bat ba ote duen (adibidez, egunean ezin da 5 aldiz baino gehiago deitu), etab.

Last.fm Web Services

The Last.fm API allows anyone to build their own programs using Last.fm data, whether they're on the web, the desktop or mobile devices. Find out more about how you can start exploring **the social music playground** or just browse the list of methods below.

API Methods

Album

Album.addTags
Album.getBuylinks
Album.getInfo
Album.getShouts
Album.getTags
Album.getTopTags
Album.removeTag
Album.search
Album.share

Artist

Artist.addTags
Artist.getCorrection

Geo

Geo.getEvents
Geo.getMetroArtistChart
Geo.getMetroHypeArtistChart
Geo.getMetroHypeTrackChart
Geo.getMetroTrackChart
Geo.getMetroUniqueArtistChart
Geo.getMetroUniqueTrackChart
Geo.getMetroWeeklyChartlist
Geo.getMetros
Geo.getTopArtists
Geo.getTopTracks

Group

album.addTags

Tag an album using a list of user supplied tags.

Params

artist (Required) : The artist name
album (Required) : The album name
tags (Required) : A comma delimited list of user supplied tags to apply to this album. Accepts a ma
10 tags.
api_key (Required) : A Last.fm API key.
api_sig (Required) : A Last.fm method signature. See authentication for more information.
sk (Required) : A session key generated by authenticating a user via the authentication protocol.

Auth

This service requires authentication. Please see our authentication how-to.
This is a **write** service and must be accessed with an HTTP POST request. All parameters should be
POST body, including the 'method' parameter. See rest requests for more information.

Sample Response

```
<lfm status="ok">
</lfm>
```

Errors

2 : Invalid service – This service does not exist
3 : Invalid Method – No method with that name in this package
4 : Authentication Failed – You do not have permissions to access the service
5 : Invalid format – This service doesn't exist in that format
26 : Suspended API key – Access for your account has been suspended, please contact Last.fm
29 : Rate limit exceeded – Your IP has made too many requests in a short period

1.4 Build Tool[1]

Software proiektu bat eraikitzeko (konpilazioa eta uztartzea) hainbat ataza errepikakor burutzen dira. *'build' tresnak* deitzen direnek (esaterako, *Ant*) 'build' motako prozesuak konposatzea ahalbidetzen dute, hainbat ataza deskribatuz, horrela ataza errepikakor konplexuak automatizatzea lortzen delarik. Ondoren, *Ant*-en ezaugarri batzuk deskribatzen dira. Zenbait kasutan sinplifikatu egingo da, gehiegi ez luzatzearren.

Ant prozesu bat (proiektu ere esaten zaio) xml fitxategi baten bitartez deskribatzen da (alderdi hori ez zaigu ariketa honetan interesatzen) eta hainbat ataza ditu (adibidez, fitxategien konpilazioa, fitxategiak kopiatu, egikaritzapena, konprimatzea, etab.). Prozesuaren deskribapena modularizatzeko, helburu bera duten atazak edo bestela batera exekutatu behar diren atazak, modulutan taldekatzen dira; modulu horiek *Ant*-ek *'target'* deitzen ditu. Beste era batera esanda, *target* delakoa unitate moduan egikarituko diren atazen bilduma da. Prozesu edo proiektu baten deskribapenean, *target* horietaz gain, bere izena ere egongo da. *Target* delakoa ere bere izenaren bitartez identifikatuko da, eta gainera deskribapen testual motz bat eduki lezake, eta atributu bat, beste *target* batzuekiko mendekotasun erlazioa duen ala ez adierazten duena. *Ant*-ek hainbat ataza (*task*) eskaintzen ditu aurredefinitu moduan, eta beren helburuaren arabera atributu desberdinen bitartez deskribatzen dira. Horietako ataza batzuk deskribatzen ditugu jarraian:

- *Copy*: fitxategi bat kopiatzen du beste fitxategi edo direktorio batean. Kopiatu beharreko fitxategiaren izena behar da deskribapenean, eta gainera, edo izen berria (fitxategi berria jatorrizko direktorioan bertan sortzen da) edo direktorioarena (orduan fitxategi berriak izen bera mantentzen du eta beste direktorio batean kokatzen da).

---

[1] Sources:
   http://www.tutorialspoint.com/ant/ant_quick_guide.htm
   http://ant.apache.org/manual/

- *Delete*: fitxategi bat edo direktorio bat (kasu honetan bere edukia ere) ezabatzen du. Deskribapenean fitxategiaren edo direktorioaren izena adierazi behar da.

- *Echo*: irteerako gailuan (defektuz, kontsolan) mezua inprimatzen du. Deskribapenean mezuaren testua adierazi behar da eta fitxategiaren izena (mezua bertan idatziko da, kontsolan izan ordez).

- *Exec*: sistemako agindua exekutatzen du. Deskribapenean aginduaren izena adierazi behar da, eta egikaritzapenaren erantzuna/irteera jasoko duen fitxategiaren izena ere.

- *Javac*: *Java* fitxategi bilduma bat konpilatzen du. Deskribapenean adierazi behar dira jatorrizko direktorioaren izena (honek iturburu fitxategiak edukiko ditu), helburuko direktorioaren izena, (sorturiko *class* fitxategiak edukiko dituena) eta erabili beharreko *classpath* delakoa.

- *Jar*: fitxategi bilduma bat taldekatu eta konprimatzen du. Deskribapenean adierazi behar dira jatorrizko direktorioaren izena (konprimatu beharreko fitxategi guztiak edukiko dituena) eta sortu beharreko *jar* motako fitxategiaren izena.

- *Mkdir*: direktorio berri bat sortzen du. Deskribapenean direktorio horren izena adierazi behar da.

Proiektuen idazketa sinplifikatzearren, *Ant*-ek propietateen (*property*) deskribapena onartzen du. Propietate horiek, izen eta balio banarekin deskribatzen direnak, atazen deskribapenaren barnean erabili/erreferentziatu daitezke.

Jarraian _Ant prozesu edo proiektu baten adibidea_ erakusten da (oharra: tonu lausoago batean adierazitako testuak komentario edo iruzkinak dira, ataza bakoitzean burutzen dena azaltzen dutenak; ez da beharrezkoa metaereduaren definizioan kontuan hartzea).

```xml
<project name="MyProject" default="dist" basedir=".">
  <description> simple example build file </description>
  <!-- set global properties for this build -->
  <property name="src"    value="src"/>
  <property name="build" value="build"/>
  <property name="dist"  value="dist"/>

  <target name="init">
    <!-- Create the build directory structure used by compile -->
    <mkdir dir="${build}"/>
  </target>

  <target name="compile" depends="init" description="compile
the source " >
    <!-- Compile the java code from ${src} into ${build} -->
    <javac srcdir="${src}" destdir="${build}"/>
  </target>

  <target name="dist" depends="compile"  description="generate
the distribution" >
    <!-- Create the distribution directory -->
    <mkdir dir="${dist}/lib"/>
    <!-- Put everything in ${build} into the MyProject-${DSTAMP}.jar file -->
    <jar destfile="${dist}/lib/MyProject-${DSTAMP}.jar"
basedir="${build}"/>
  </target>

  <target name="clean"  description="clean up" >
    <!-- Delete the ${build} and ${dist} directory trees -->
    <delete dir="${build}"/>
    <delete dir="${dist}"/>
  </target>
</project>
```

1.5   CRUD ApplicationWebforms

CRUD (*create*, *read*, *update*, *delete*) motako web aplikazio batek datu-baseetako zenbait daturen bilaketak, edizioak, ezabaketak, etab. burutzeko hainbat formulario ditu. Ondorengo irudian formulario baten adibidea erakusten da. Ikus daitekeen bezala, formulario batek hainbat panel (*panels*) eta panel-zehaztapen (*panel-detail*) bat eduki dezake.

Panel bat honako ezaugarriekin deskribatzen da: barneko zenbaki identifikatzaile bat, ikono bat (panela minimizatzen denean erakusten dena), etiketa bat (panelaren barran erakutsiko den titulua da), css klase bat (panelaren aurkezpenaren ezaugarriak deskribatzen ditu; balio edo klase espezifikorik ez bada zehazten, web aplikazioarentzat definiturikoa aplikatuko da), eta zabalera (formularioaren zabalera osotik zein portzentaje betetzen duen). Irudian ikusten den bezala, panelak hainbat eremu (*field*) izango ditu. Eremu bat honako ezaugarriekin deskribatzen da: formularioan erakutsiko den etiketa, datu-basearen zutabe bat (eremuaren balioa betetzeko erabiliko dena), sarturiko datua baliozkotzeko erabiliko den adierazpen erregularra, baimenduriko balio maximoa eta minimoa, eta eremuan baimenduriko karaktere kopuru maximoa.

Panelak antolatzeko, hauek **erlaitzetan** (tabs) egituratuta egon daitezke. Horrela, erlaitz batek hainbat panel eduki dezake. Erlaitzen elementu deskribatzaileak panelek dituztenen berdinak dira (zenbaki identifikatzailea ezik).

Panel-zehaztapenari dagokionez, paneletako batean erakutsitako datuetako baten zehaztapen gehiago erakusteko elementua da. Panel-zehaztapen batek panel batek dituen elementu berberak ditu (identifikatzaile zenbakia ezik), eta gainera elementu hauekin ere deskribatzen da: datu-baseko taula baten izena (datuak hemendik lortuko dira), taula horren oinarrizko gakoa den zutabea, formularioan erakutsi behar den errenkada kopuru maximoa, panel baten erreferentzia (zehaztapenak zein panelari buruzkoak diren).

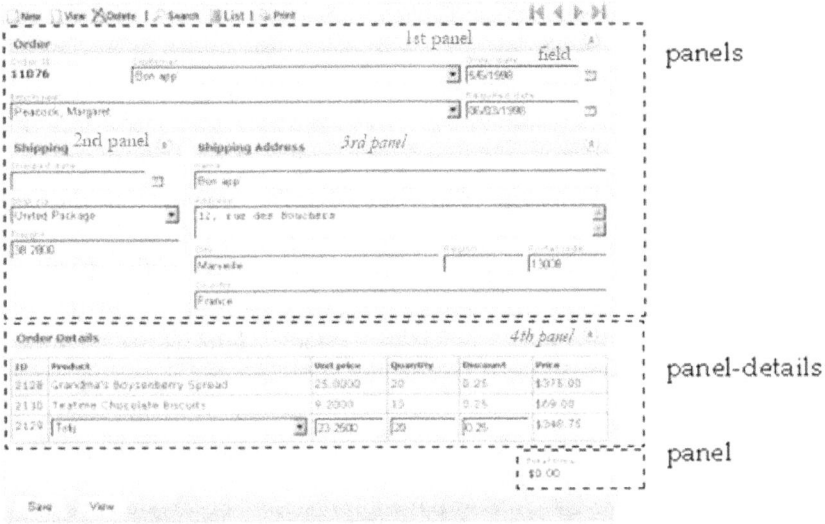

Gainera, irudian ikusten ez den arren, formulario batek badu *data* elementu bat, datu-iturburuaren deskribapena duena (hots, datu-basearen taula baten deskribapena). Zehazki esanda, *data*-k taularen izena deskribatuko du, bere oinarrizko gakoaren izena, kontsultaren 'where' klausulan sartu beharreko adierazpena, emaitza ordenatzeko erabiliko den zutabe zerrenda (hots, kontsultaren 'order by' klausulan jarriko litzatekeena).

1.6   Simplified Entity-Relationship

Datu-baseen diseinurako erabiltzen den *Entitate/Erlazioa (E/R)* eredu sinplifikatua. Domeinu honetan *entitateak*, *entitate ahulak*, *erlazioak* eta *atributuak* daude. Eredu batek gutxienez bi entitate dauzka. **Entitateak** beren izenarekin deskribatzen dira, eta atributu-multzo bat daukate asoziaturik (gutxienez atributu bat daukan multzoa). *Oinarrizko gakoa* entitatearen atributuetako bat da. **Entitate ahulak** oinarrizko gakoa ez daukaten entitateak dira. **Erlazioak** bi entitateren arteko elkarketak dira bakarrik. Erlazio bakoitzak izen bakarra du, berau identifikatzeko izango dena, eta erlazioak bi entitate elkartzen ditu (entitate bat bere buruarekin ere izan daiteke). Erlazioko alde bakoitzak kardinaltasun minimoa eta maximoa ditu. **Atributu** bakoitzak izen eta datu-mota bat dauzka.

Ondorengo diagraman E/R eredu bat errepresentatzen da.

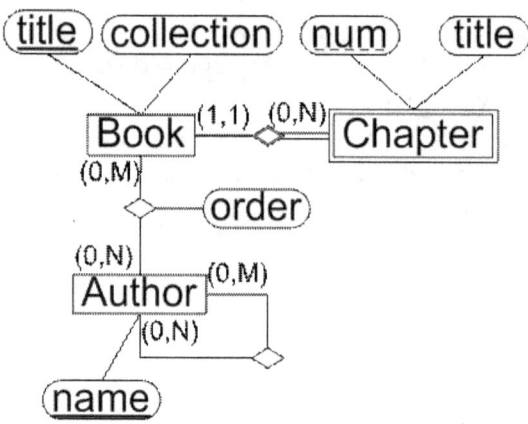

1.7   Menus

Aplikazioen interfaze grafiko menudunak deskribatuko dituen metaeredua defini ezazu, ondoren zehazten diren ezaugarriak jarraituz (ezaugarri horiek Javako proposamenetik hartutako ezaugarriak sinplifikatuz edota hedatuz antolatu dira).

Aplikazio baten interfaze grafiko menudunak hainbat erako elementuak eduki ditzake (ikusi irudia).

- Aplikazioak aukera asko eduki ditzakeenez, horiek azpimenutan antolatu ohi dira, eta leihoaren goialdeko barra erabiliz.

- *Menu-barra* deitzen den elementu honetan azpimenuen tituluak bildu ohi dira (adibidean, *"A menu"* eta *"Another Menu"*) (*"MailApp"*-ri buruz aurrerago komentatzen da). Menu-barra atzeko planoko kolore batekin konfiguratuko da.

- Azpimenu horiek hainbat item eduki ditzakete, check motakoak, radio-button motakoak, nahiz mota sinplekoak. Denek testu bat edukiko dute (adibidez, irudian *"A text-only menu item"* testua daukan item sinple bat dago, eta beste bat check motakoa testua duena (*"Another one"*)). Mota sinplekoa gainera ikono batekin agertu daiteke (adibidean, *"Both text and icon"* testua duenak ikono bat ere badu).

- Azpimenu horiek beste azpimenu batzuk eduki ditzakete (eta hauek mota desberdineko item gehiagorekin). Hori da irudian gertazen dena, "*A menu*" azpimenuak beste azpimenu bat dauka, aukera gehiago erakutsiz zabaltzen dena. Aldiz, itemek ezin dute beste azpimenu batzuk eduki.

- Azpimenutako itemak batzuetan asko direnez, azpimenuek banatzailea den elementu bat eduki dezakete. Kolore, estilo eta tamaina desberdinarekin agertuko da, diseinatzailearen erabakiaren arabera. Adibidean hiru banatzaile daude, marra jarraitua, fina (1pt.) eta urdinarekin.

- Itemetako testua letra-motarekin eta tamainarekin konfiguratu daiteke, eta gainera check edo radio-button motako itemek beren ikurren (laukia eta borobila, hurrenez hurren) tamaina konfiguratu ahal izango dute.

- Aplikazioan itemak aukeratzen direnean (berdin da check motakoa, radio-button, nahiz mota sinplekoa izan) funtzionalitate bat exekutatuko da, analisia-fasean detektaturiko erabilpen-kasuetakoren batekin zerikusia izango duena.

- Interfaze grafikoaren deskribapenaren barnean erabilpen-kasu guztiak erregistratzen dira, aplikazioaren barnean kontuan hartu edo exekutatu ahalko diren guztiak; eta erregistro horretan beren izena eta deskribapena sartuko da, eta baita erabilpen-kasu horiek exekutatzeko aukera ematen duten itemak (check, radio-button nahiz mota sinplekoak) zeintzuk diren ere.

- Menu-barrek aukera berezi batzuk ere eduki ditzakete, beste aplikazio batzuekiko zuzeneko konexioak sartzeko erabiliko direnak. Adibideko irudian "*MailApp*" dago, eta hor klikatuz gero posta elektronikoko aplikazio bat irekiko dela adierazten du. Interfazearen konfigurazioan barran agertuko den izena zein izango den adierazi beharko da (bere kolorea, letra mota eta tamaina zehaztuz, adibidean ikusten da besteen desberdina dela), eta erlazionaturiko aplikazioaren deskribapena ere.

1.8 Museums

EMF tresna erabiliz irudiko metaeredua sor ezazu, irudiko klase guztiak errepresentatuz, beren atributuak eta klaseen arteko asoziazioak ere barnean hartuz (azken hauen kasuan agregazio motakoak diren edo ez zehaztuz). Emaitza EMF proiektu bat izan behar da, honakoak dauzkana: (1) *.ecore* **fitxategi** bat, metaeredua osorik duena (aldatu gabe); (2) aurreko metaeredua errepresentatzeko Eclipse-k sortzen duen **diagrama**, *.ecore* **fitxategiari lotutakoa**; eta (3) azpian jartzen diren **bi ereduen errepresentazioa duten fitxategiak**, baliozkotuta eta metaereduarekin bat datozenak.

Kasu bereziak: bi ereduak fitxategi berean errepresenta badaitezke, orduan fitxategi bakarra sortuko da. Ereduren bat ezin bada baliozkotu o ezin bada errepresentatu, testu fitxategi bat sartuko da eragozpenak sortzen dituzten arrazoiak azalduz (eta azalpenak ematea ez da sortzen den errore-mezua kopiatzea).

EREDU 1: Paris-eko ***Louvre Museum*** delako museoa, *1793* urtean irekia. *Leonardo Da Vinci, Jacques Louis David* eta *Veronese*-ren lanak ditu, horiek guztiak *margolariak (painting)* dira, Leonardo *eskultorea (sculpture)* ere bazen arren. Museoak dauzkan lanak: *"Portrait of Lisa Gherardini"* (La Gioconda, Leonardo-ren lana), *"Aphrodite"* (Milo-ko Venusa izenarekin ezagunagoa, lan anonimoa), *"The Wedding Feast at Cana"* (Caná-ko ezteiak, Veronese-rena), *"The Coronation of the Emperor Napoleon I"* (Napoleon-en koroatzea, Jacques Louis David-ena), *"The Winged Victory of Samothrace"* (Samotracia-ko Viktoria, lan anonimoa) eta *"Juliette"* Jacques Louis David-ena.

EREDU 2: *Amsterdam*-en ***Rijksmuseum*** eta ***Diamond Museum*** izeneko museoak daude, *1878* eta *1990* urteetan sortuak, hurrenez hurren. Lehenengoak *"Rembrandt"* eta *"Van Gogh" margolarien (painting)* lanak ditu, eta baita *"Gerrit Hutte" eskultorearen (sculpture)* eta *"Pieter van Dijck" tapizgilearen (upholstery)* lanak ere. Rijksmuseum delakoaren lanen artean daude: bi auto-erretratu (*"self portrait"*), bat Van Gogh-ena eta bestea Rembrandt-ena, Gerrit Hutte-k eta Pieter van Dijck-ek elkarrekin egindako *"Stadtholder's chair"* lana (alkatearen eserlekua) eta baita Van Gogh-en *"Sunflowers"* eta *"The Kiss"* margoak. Diamond Museum delakoan erakusten diren lanen artean daude: *"The Pink panther"*, egile ezezagunarena den lana; *"Hortensia Diamond"* izenekoa *"Van Der Meere"*-k landua, artista bitxigilea *(jewelry); "Tiffany's Yellow Diamond"* lana *"Schultz"*-k landua, bitxitegi famatuaren bitxigile eta langilea; eta azkenik *"The Aurora Pyramid of Hope"*, egile ezezagunarena.

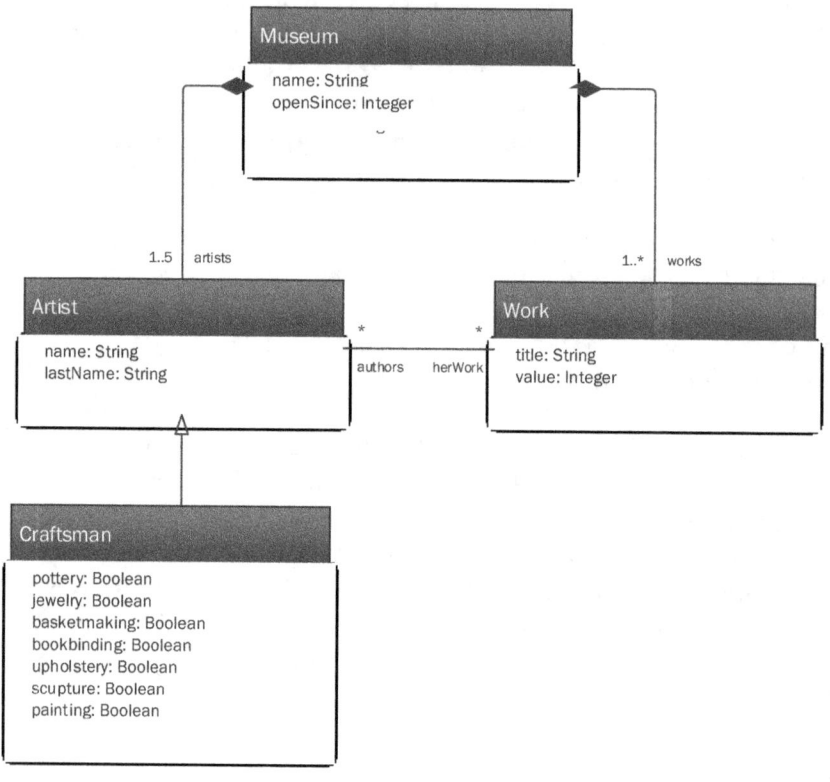

1.9 Political Systems

1.9.1 Political System One

*Sistema politikoaren domeinu*rako metaeredu bat defini ezazu, ondorengoko deskribapena kontuan hartuz.

Estatuak politikoki antolatzeko era desberdinak daude, baina sinplifikatuz eta hurbilago daukagunean arreta jarriz, estatu bat herrialdetan antolatuta dago. Herrialdeak beren izena, azalera, biztanle kopurua eta hizkuntza ofizial(ar)en bitartez bereizten dira. Herrialdetan hainbat herri daude, izena, azalera eta biztanle kopuruarekin zehazten direnak. Estatu baten barnean hainbat erakunde politiko eta hainbat instituzio politiko daude. Erakunde politikoak zenbait pertsona elkartzeko taldeak dira, zuzendu edo gobernatu behar diren instituzioetan kargu publikoak betetzeko hautagai izango diren pertsonak taldekatzeko hain zuzen.

Instituzioak izen hauek dituztenak dira: *estatu-mailako gobernua*, *XXX autonomia-erkidegoaren gobernu autonomikoa*, *kongresua, senatua, YYY erkidegoaren parlamentu autonomikoa*, *ZZZ-ko aldundia* (diputazioa) eta *AAA-ko udala*. Instituzio guztiek (estatu, herrialde, nahiz udal mailakoak) beren izen ofiziala dute eta beren helbidea (postarako eta amaraunekoa (web)). Instituziotako kargu publikoak kontrolatu behar dira, kargudun horiek politikarien azpimultzo bat dira, instituzioa zuzentzeko aurkeztu ziren politikarien arteko batzuk dira, hautatuak atera zirenak.

Alderdi Politikoen Legearen arabera, erakunde politikoak hiru eratakoak izan daitezke: alderdi politikoak, federazio politikoak eta hautesle-elkarteak. Alderdi eta federazioaren arteko diferentzia berau eratzean erregistratu ziren estatutuetan oinarritzen da. Hautesle-elkarteak, aldiz, hautesle kopuru aldakor baten sinaduren bermearekin eratzen dira, eta hausteskunde prozesu zehatz eta bakar batean hautagaitza aurkeztu ahal izateko bakarrik. Hautesle horiek erregistraturik geratzen dira, beren na, izena, eta helbideekin (postarako helbidea, nahiz elektronikoa). Erakunde politiko guztiak erregistratuko dira beren izen osoarekin, siglekin, eratze datarekin eta egungo presidente eta bozeramailearen izenekin. Aipatu legearen bitartez onartuta dago erakunde politikoek beraien artean koalizioak eratzea.

Erakunde politikoak, edozein motatakoak, beren afiliatu eta jarraitzaileen bitartez eratzen diren arren, domeinu honetan horri ez diogu arretarik jarriko. *Politikari* bezala katalogatuko ditugun pertsonak ezagutzea izango da aipagarritzat hartuko dugun bakarra. Politikariak erakunde politikoko pertsonak dira, politikan aktiboki parte hartu dutelako bereizi diren pertsonak (asanbladatan, mitinetan, ekitaldi politikoen antolaketan, etab.etan parte hartzen dutelako). Erakunde politikoan zein ekintzatan zehazki parte hartu duten ere ez da garrantzizkoa. Metaereduan, gaur egun instituzioak zuzentzen dituzten politikarien informazioa gordeko da, noiztik ari diren (data) ere jasoz. *Bateraezintasunen Legeak* politikari berdinak instituzio bat baino gehiago zuzentzea eragozten du.

Egiaztapen moduan, sortu behar den metaereduak honakoak adierazi ahal izateko balio izan behar du: herrialde baten instituzioak zeintzuk diren (herrialdearenak berarenak, eta gainera herrialdeko herrienak), instituzioa zuzentzeko hautatu diren karguak, instituzio bat zuzentzen duen hautesle-elkarteko kargu hautatuak babesten dituzten hautesleak, estatuko erakunde politikoak, udaletxe bat gidatzeko hautatuak izan diren erakunde politikoak, etab.

1.9.2 Political System Two

***Sistema politikoaren domeinu**rako metaeredu bat defini ezazu, ondorengoko deskribapena kontuan hartuz.

Udaletxe guztien erregistroa errepresentatzeko metaeredua eraiki nahi da. Udaletxe bakoitza herri bati elkartzen zaio, bere izena eta biztanle kopuruarekin. Biztanle kopuruaren arabera, herri bakoitzak zinegotzi kopuru bat du esleituta, eta bere langileentzako soldata maximoa ere.

Udaletxe bakoitzean hainbat langile daude, hala nola, *zinegotzi hautetsiak*, *funtzionarioak* eta *kontratudun pertsonala*. Erregimen lokaleko Legeak zehazten du gutxienez 3 zinegotzi egongo direla, eta horietako bat alkate izendatu behar dela.

Udaletxeko **langileak** *funtzionarioak* ala *behin-behineko pertsonala* dira. Denek soldata izango dute eta lanean hasi zireneko data ere. Bigarrenek bakarrik izango dute lanaldiaren bukaerarako aurreikusitako data.

Bigarren taldekoen artean *zinegotzi hautetsiak*, *udaletxeko kontratudun pertsonala* eta *aholkularitzako pertsonala* kontsideratzen dira.

Zinegotzi hautetsiak behin-behinekoak dira. Hasierako data kargua eskuratu zuteneko hauteskundeetako data da, eta bukaerako data 4 urte beranduagokoa da. Zinegotzi guztiak alderdi politikoren batekoak dira, izena eta siglen bitartez identifikatzen dena.

Kontratudun pertsonala udaletxerako zuzenean lan egiten duten teknikariak dira, esaterako, hirigintzako teknikaria, gizarte langilea, etab.

Gainera, **aholkularitzako pertsonalak** bere zerbitzuak udaletxeari zeharka eskaintzen dizkio, zinegotzi zehatz batekin lankidetzan. *Aholkulari* deitzen zaie eta intereseko gaiez txostenak sortzen dituzte, kontratatzen dituen zinegotziari bakarrik bidaltzen dizkiotenak.

1.10 Execution tests for web sites

Web guneen gainean burututako exekuzio-probak (testak)
deskribatuko dituen metaeredua defini ezazu, ondoren zehazten diren
ezaugarriak jarraituz.

- Web gune baten gaineko test guztiak erabiltzaile talde batek
  burutzen ditu, erabiltzaile horiek lehendik baimenduak eta
  erregistratuak daude, beren izena, pasahitza eta kategoriarekin.
  Test bakoitza erabiltzaile bakar batek egiten du.

- Burututako testetan beren url bitartez identifikatzen diren hainbat
  web orri proba daitezke; hainbat orri, batzuetatik bestera
  nabigazioa egon daitekeelako, edo orri desberdinetan ekintzak
  eskatzen dituzten erabilpen-kasuak probatzen direlako. Test
  bakoitzak berari dagozkion orriekin izango du zerikusia eta orri
  bakoitza hainbat testen bitartez probatu ahalko da.

- Test baten atal nagusiena erabiltzaileak burututako ekintzek
  osatzen dute, eta baita jarraitutako ordenak ere, alabaina
  erabiltzaile batek komentarioak eta asertzioak ere gehitu ditzake.
  Horrela, zehazki, test batean informazio mota desberdina biltzen
  da, esaterako:

  o Erabiltzaileek idatzitako era guztietako komentarioak
    (iruzkinak), hots, hurrengo exekuzioetarako gogoratu
    nahi diren oharrak, edo testean sartutako eragiketak
    ulertzeko azalpenak, etab.

  o Web orrien gainean burututako ekintza zehatzak.
    Ekintzak web orrian kokatzen diren eta beren *xpath*
    adierazpenarekin identifikatzen diren elementu batzuen
    gainean burutzen dira, orden zehatz batean burutu ere.
    Ordenarena izan daiteke, adibidez, lehenik esteka bat
    jarraitzea, gero, formularioko *'izena'* eremuan testu bat
    txertatzea, eta azkenik *'bidali'* botoian klik egitea. Horrela,
    burututako ekintza zein motakoa den jaso beharko da, eta
    zerikusia duen baliOren bat dagoen kasuetan (kopiaturiko
    edo txertaturiko testua, adibidez), balio hori ere.

o Asertzioak, web orri batekin zerikusia duten adierazpen boolearrak dira, eta erabiltzaileak sar ditzake, esaterako, formulario bateko *'bidali'* botoian klik egin baino lehen bete behar diren baldintzak adierazteko. Asertzioekin adierazpen formala bakarrik gordetzen da, testu formatuan.

- Informazio guztiak era unibokoan identifikatzeko identifikatzaile orokor bat erabiltzen da, eta gainera kasu zehatz bakoitzerako beste identifikatzaile bat, hots, komentarioak identifikatzeko identifikatzaile bat, beste bat ekintzetarako, eta hirugarren bat asertzioetarako.

1.11 Exam tests

EMF tresna erabiliz irudiko metaeredua sor ezazu, irudiko klase guztiak errepresentatuz, beren atributuak eta klaseen arteko asoziazioak ere barnean hartuz (azken hauen kasuan agregazio motakoak diren edo ez zehaztuz). Emaitza <u>EMF proiektu</u> bat izan behar da, honakoak dauzkana: (1) *.ecore* fitxategi bat, metaeredua osorik duena (<u>aldatu gabe</u>); (2) aurreko metaeredua errepresentatzeko Eclipse-k sortzen duen *.ecorediag* diagrama, *.ecore* fitxategiari lotutakoa; eta (3) azpian jartzen diren bi ereduen errepresentazioa duten fitxategiak, baliozkotuta eta metaereduarekin bat datozenak. Oharra: *Item* klase abstraktua da (bere izena letra etzanaz dago).

Kasu bereziak: bi ereduak fitxategi berean errepresenta badaitezke, orduan fitxategi bakarra sortuko da eta bigarren fitxategi batean testu bat sartuko da, bigarren eredua lehenengo ereduari gehitu zaiola azalduz. Ereduren bat ezin bada baliozkotu edo ezin bada errepresentatu, testu fitxategi bat sartuko da eragozpenak sortzen dituzten arrazoiak azalduz (eta azalpenak ematea ez da sortzen den errore-mezua kopiatzea).

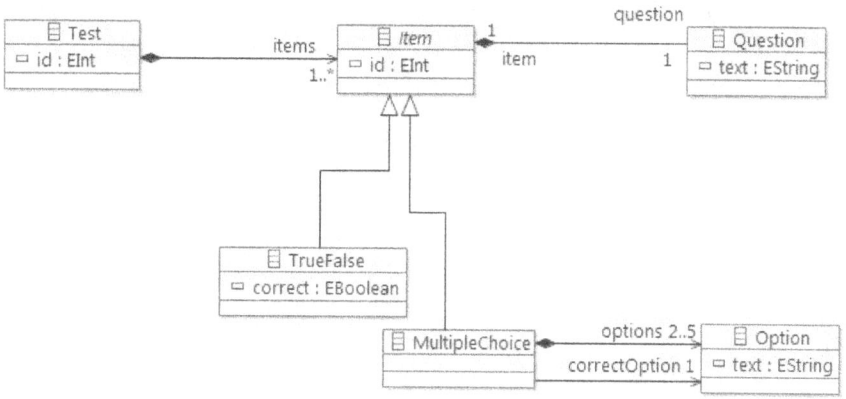

1 EREDUA:

Test 1 - *Key: 1b; 2a; 3c; 4c*

1. Cervantes died in 1516.
True
False
2. I am studying to pass this subject.
True
False
3. 'PMI' in MDSE stands for:
a) Programming Modeling Interface
b) Private Mortgage Insurance
c) Platform Independent Model
d) Project Management Institute
e) Palma de Mallorca Island
4. How many modeling levels define OMG?
a) 2
b) 3
c) 4

---

2 EREDUA:

Test 2 - *Key: 1d; 2b*

1. ASTs are used to represent:
a) Instances of a Class
b) Instances of a Metaclass
c) Instances of a Metametaclass
d) Instances of classes of some classes of a model at a higher level
e) attributes
f) methods
2. OCL can be used to describe constraints:
a) among classes
b) among class instances

1.12 Blogs

Blog (web-eko log) bat deskribatuko duen metaeredua defini ezazu, ondoren zehazten diren ezaugarriak jarraituz.

- Blog delakoak koaderno edo egunkari antzekoak dira, non beren interesekoa den gai baten inguruan hainbat erabiltzailek (edo bakar batek) beren hausnarketak, iritziak, aholkuak, etab. idazten dituzten. Beraz, blog bat bereizten da bere tituluarekin, lokalizatzeko behar den url helbidearekin eta aurkezpenerako deskribapen batekin.

- Blog batean artikuluak (*post*) aldizkakotasun batekin idazten dira, batzuetan egunero. Artikulu horiek beren titulua, edukia eta argitaratze-data izango dute, eta gainera, hainbat gako-hitz (*label*), behar bezala identifikatzeko eta blog barruan bilaketak errazteko. Noski, gako-hitz berak hainbat artikulu identifikatu ahal izango du.

- Blog-aren barnean artikuluen bilaketa errazteko gako-hitzez gain, artikuluen arteko erreferentziak ere erabiliko dira. Artikulu bat blog bereko beste artikulu batzuekin erlazionatuta egon daiteke.

- Artikulu baten edukian kanpoko web guneen hainbat url helbide sar daitezke. Kanpoko url horien jarraipen hobea egin ahal izateko, eta jadanik atzigarriak ez diren helbideengatik sortzen diren erroreak hobeto detektatzeko, artikulu bakoitza zehazki zein url-rekin erlazionatzen den jakitea komeni da, eta baita url horiek atzituak izan zireneko azken data ere.

- Artikuluen idazketa eta gako-hitzen definizioa blog-aren editatzaile diren erabiltzaileen eskutan dago, lehen esan bezala bat edo gehiago izan daitezke. Errealitatean artikulu baten idazketan hainbat pertsonek parte har dezaketen arren, hobeto identifikatzeko eta ardurak galtzea ekiditeko, artikulu bakoitzaren editatzaile bezala erabiltzaile bakarra erregistratuko da.

- Editatzaileak diren erabiltzaileez gain, blog batek irakurleak direnak ere baditu. Horiek, iruzkin edo komentario bat idatzi ezean, ez dira erregistratzen. Iruzkin edo komentarioak artikuluetara edo artikulu baten beste iruzkinetara gehitzen diren iritziak dira. Iruzkinetatik beren edukia eta egilea gordeko dira, baita erregistro data ere.

- Editatzaileek eta irakurleek beste iruzki batzuen gaineko iruzkinak idatz ditzakete, oro har, aurreko iruzkinean planteaturiko galdera edo zalantza bati erantzunez.

- Erabiltzaile guztiak, editatzaileak nahiz irakurleak, izen, pasahitza eta erregistro data batekin erregistratzen dira. Irakurleek gainera beraien ezizena (*nickname*) ere gehituko dute.

1.13 BPMN diagrams

BPMN diagramak² *(*hots, ***negozio prozesuen modelatzearen adierazpen grafikoa)*** deskribatuko dituen metaeredua defini ezazu, ondoren zehazten diren ezaugarriak jarraituz.

- BPMN ereduen diagramak, elementu grafikoen multzo mugatu batekin moldatzen dira: fluxu-objektuak, konexioak eta artefaktuak. ***Fluxu-objektuak*** gertaerak (*event*), ekintzak (*activity*) eta gateway delakoak dira; ***konexioak*** sekuentziak eta mezu-fluxuak adierazten dituzten elementuak dira; ***artefaktuak*** (*artifact*) datuak adierazten dituzten objektuak dira.

- *Gertaerak*, zirkulu baten bitartez irudikatuta, 'zerbait' gertatu dela adierazten dute. Hiru motakoak dira, sekuentziako zein lekutan kokatuta daudenaren arabera: hasieran badaude (*start*), prozesua nondik hasten den adierazten dute, bukaeran badaude (*end*), prozesua bukatu dela adieraziko da, bitartekoek (*intermediate*) hasierako eta bukaerako gertaeren artean zerbait gertatu dela adierazten dute.

- *Ekintzak*, laukizuzen baten bitartez irudikatuta, burutu beharreko lan mota bat adierazten dute. Besteak beste, ekintzak dira atazak (*task*), prozesuak (*process*) eta transakzioak (*transaction*). Ekintzek artefaktuak sor ditzakete, edo zenbait artefaktu behar izan ditzakete funtzionatu ahal izateko. Ataza beste pauso batzuetan zatitu ezin den lan-unitatea da, prozesuak, bere fluxu-objektuekin, konexioekin eta artefaktuekin, bere barruan dauden ekintzen segida bat adierazten du, eta barnean '+' ikurra duen laukizuzen batekin irudikatzen da diagraman (horrela, gehiago zabal daitekeela adierazteko); eta transakzioa azpiprozesu mota bat da, non helburu bat lortzeko bere ekintza guztiak bukatu egin behar diren, eta horietakoren batek huts eginez gero dena atzera edo

---

² *Business Process Model and Notation:*
https://en.wikipedia.org/wiki/Business_Process_Model_and_Notation
http://blog.goodelearning.com/bpmn/common-bpmn-modeling-mistakes-swimlanes

desegin egin behar den. Diagraman transakzioak marra bikoitzarekin irudikatzen dira.

- *Gateway* delakoak, errombo baten bitartez irudikatuta, ekintzak paraleloan burutu behar direla adierazten dute, edo hainbat aukera daudela alternatiban (or-esklusiboa), edo sinkronizazio konplexuren bat dagoela, edo …

- *Konexioak*, fluxu-objektuak beraien artean konektatzen dituzte. Sekuentziako konexioek ekintzak zein ordenatan egikarituko diren adierazten dute (marra zuzeneko gezi baten bitartez irudikatzen dira), mezu-fluxuaren konexioek ekintzek behar dituzten edo sorrarazten dituzten datuak adierazten dituzte (marra eteneko gezi baten bitartez irudikatzen dira).

- *Artefaktuak*, goi-eskuineko ertza tolestuta duen laukizuzen baten bitartez irudikatzen dira.

Deskribatu berri diren elementuak eta nola irudikatzen diren laburbiltzen dugu, eta jarraian negozio ereduen BPMN diagrama batzuen adibideak ematen dira:

BPMN diagrametako elementuen irudikapenaren laburpena

<u>Eskema [1]</u>-n hasierako eta bukaerako gertaerak ikus daitezke, eta bitarteko gertaera pare bat ere: *Delay 6 days from announcement* eta *Wait until Thursday, 9 pm*. Laukizuzenek prozesua osatzen duten 6 atazak irudikatzen dituzte (transakziorik edo azpiprozesurik ez dago). Geziek sekuentzia adierazten duten konexioak dira eta honako loturak adierazten dituzte: gertaerak atazekin, atazak beste ataza batzuekin (adibidez, *Announce Issue for Discussion* eta *Moderate E-mail Discussion* artean), atazak gateway-ekin (adibidez, *Check Calendar for Conference Call* y *Conference Call in Discussion Week?* artean). Erlazionaturiko etiketak (esaterako *7 days*) eduki ditzakete. Bi datu-iturburu daude, bat *Issue Voting List [0 to 5 issues]* izenekoa, *Announce Issues for Discussion* atazak erabiltzen duena, eta beste bat, *Calendar* izenekoa, *Check Calendar for Conference Call* atazak erabiltzen duena. Gezi horiek ez dira konexioak, mezu-fluxuak dira eta atazek behar dituzten datuak irudikatzen dituzte. Irudian 3 gateway daude, bat ('+' ikurra duena) ekintza paraleloak dituena, paraleloan egikaritzen diren hiru hari bukatu arte itxaroten duena. Inolako ikurrik ez dutenek hainbat egikaritzapen-fluxuren elkarketa puntua direla adierazteko besterik ez dute balio. Diagraman hainbat iruzkin ere ageri dira, solte edo atazaren batera loturik, baina ez dira gure interesekoak.

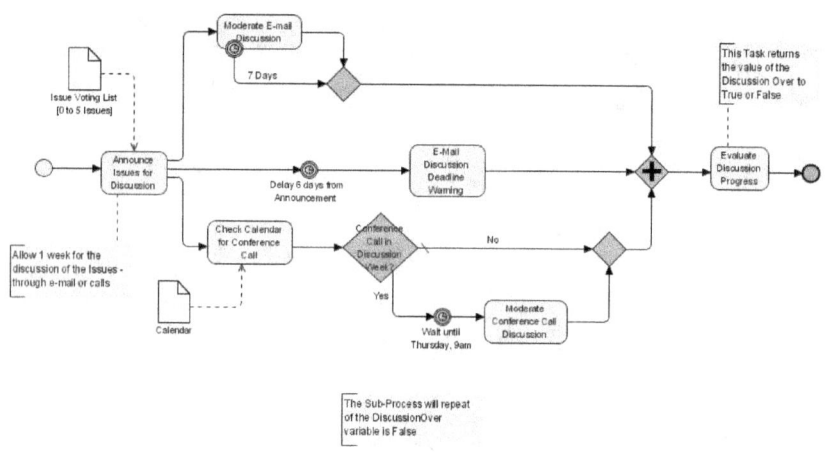

diagrama [1]

<u>Diagrama [2]</u>-n hainbat fluxu daude, adibidez, *DiscussionCycle* <u>prozesua</u> eta *VotingMembers* erabiltzaile-rolaren artean, *AnnounceIssues* <u>ataza</u> eta

VotingMembers erabiltzaile-rolaren artean, eta honen eta *CollectVotes* prozesuaren artean.

diagrama [2]

Diagrama [3]-n mezu-fluxu bat dago, *task1* eta *task3* ekintzen artean, eta *task4* eta *task2* ekintzen artean. *PoolA* erabiltzaile-rol edo pool bat da.

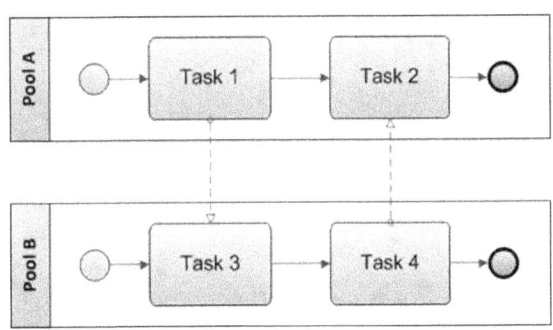

diagrama [3]

1.14 TV shows

EMF tresna erabiliz irudiko metaeredua sor ezazu, irudiko klase guztiak errepresentatuz, beren atributuak eta klaseen arteko asoziazioak ere barnean hartuz (azken hauen kasuan agregazio motakoak diren edo ez zehaztuz). Emaitza <u>EMF proiektu</u> bat izan behar da, honakoak dauzkana: (1) *.ecore* fitxategi bat, metaeredua osorik duena (<u>aldatu gabe</u>); (2) aurreko metaeredua errepresentatzeko Eclipse-k sortzen duen *.ecorediag* diagrama, *.ecore* fitxategiari lotutakoa; eta (3) azpian jartzen diren bi ereduen errepresentazioa duten fitxategiak, baliozkotuta eta metaereduarekin bat datozenak

<u>Oharra</u>: *Personal* klase abstraktua da (bere izena letra etzanaz dago).

       © A. Irastorza Goñi & T. A. Pérez Fernández

Eredu 1

FARGO *(Drama)*
Actors: *Billy Bob Thornton; Allison Tolma; Jesse Plemons*
Directors:
      Adam Bernstein (Season1Episode1, S2E10); Colin Bucksey (S1E5, S1E6)
Season 1
Episode 1   (dir. *Adam Bernstein*) title: *The Crocodile's Dilemma*
Episode 5   (dir. *Colin Bucksey*) title: *The Six Ungraspables*
Episode 6   (dir. *Colin Bucksey*) title: *Buridan's Ass*
Season 2
Episode 10   (dir. *Adam Bernstein*) title: *Palindrome*

Eredu 2

Breaking Bad *(Drama)*
Actors: *Bryan Cranston, Anna Gunn, Aaron Paul, Dean Norris*
Directors: *Vince Gilligan (S1E1, S1E2), Adam Bernstein (S1E2, S1E3)*
Season 1
Episode 1   (dir. *Vince Gilligan*) title: *Pilot*
Episode 2   (dir. *Vince Gilligan, Adam Bernstein*) title: *Cat's in the bag...*
Episode 3   (dir. *Adam Bernstein*) title: *...and the bag's in the river*

1.15 ASANA projects

ASANA*[3] *proiektuen kudeaketa sistema deskribatuko duen metaeredua defini ezazu, ondoren zehazten diren ezaugarriak jarraituz.

- ASANA sisteman hainbat *erakunde* eta *lan-eremu* kudeatzen dira, horietako bakoitzak pertsonen, proiektuen eta atazen bere taldea duelarik.

- ASANAn edozein pertsona erregistratu eta *kontua* sor dezake, erakunde edota lan-eremu bati edo gehiagori atxikitzeko.

- *Erakunde* batek enpresa bateko langile, hots, pertsona, guztiak konektatzen ditu posta elektronikoko domeinuan oinarrituz, domeinu hori enpresako langile (kontu) guztiek partekatzen dute. Proiektuak hobeto kudeatzeko, erakundearen barnean langileak lan-taldetan bana daitezke, eta talde bakoitzak bere proiektuak zuzentzen ditu. Aldiz, *lan-eremua* proiektuetan elkar lanean aritzen diren pertsonen bilduma da, pertsona horiek (beren kontuak) posta elektronikoko domeinu bera edukitzea ez da beharrezkoa, erakundeetan ez bezala. Lan-eremua helburu pertsonaletarako erabiliko da eta hortaz ez du beste hierarkiarik behar izango, lan-eremuaren barnean taldeak definitzeko beharrik ez da izango.

- Erakundean nahiz lan-eremuan bi eratako parte-hartzaileak egongo dira: *kideak* eta *gonbidatuak*. Lehenengoek erakunde/lan-eremuari lotutako proiektu, ataza eta elkarrizketa guztietarako atzipen osoa izango dute. Aldiz, gonbidatuek publikoak izango direnetara atzitu ahal izango dute soilik.

- Erakundeak nahiz lan-eremuak burutu behar diren proiektuak eta atazak antolatzeko modua dira. *Proiektua*, izena izango duena, publikoa ala pribatua izango da, erakunde/lan-talde bati lotuta egongo da, eta bukaera data bat, hainbat ataza eta pertsona/talde multzo bat esleituta izango ditu. *Ataza* ere publikoa ala pribatua izango da, izena izango du, proiektu bati lotuta egongo da, eta bukaera data bat eta pertsona/talde multzo bat esleituta izango

---

[3] *https://asana.com/guide/help/fundamentals/about-asana*

ditu. Gainera, atazak bukatuta dagoenentz adieraziko du, baliabideak (hots, lan fitxategiak) esleitu diezaizkiokegu eta baita ataza burutuko ez duten, baina edozein arrazoia dela medio ataza nola doan jakiteko interesa eduki dezaketen, pertsona kideak ere (atazaren jarraitzaileak dira).

- *Elkarrizketak* proiektuen elementuak dira, beren kideek gai baten inguruan eztabaidak eduki ditzaten, iragarkiak argitara ditzaten, ideia-jasa (brainstorming) burutzeko, etab. etab. Titulu bat eta deskribapen orokor bat izango dituzte, eta elkarrizketan parte hartu duten kideak ere; baliabide edo lan fitxategi batzuk esleitzea ere posible da.

1.16 GIT version control system

Kodearen kudeaketarako eta bertsioen kontrolerako GIT[4] sistema banatua deskribatuko duen metaeredua defini ezazu, ondoren zehazten diren ezaugarriak jarraituz.

- Bertsioen kontrolerako sistema batean, erabiltzaile talde batek lan egiten duen fitxategietan izandako aldaketak erregistratzen dira. *Git*-en abantaila da kontrola era banatuan burutzen dela, zentralizatua izan ordez, adibidez, SVN-n horrela da, zentralizatua. Deskribapen honetan, errepositorioen kudeaketa ulertzeko erabat beharrezkoak diren *Git* eragiketak bakarrik komentatuko dira.

- *Git* sistema batean hainbat erabiltzaile egon daiteke, beren izena, posta elektronikoko kontua eta erregistro datarekin erregistratuta daudenak, eta hainbat kode errepositorio egon daiteke, hauek izen batekin identifikatuak. Erabiltzaile bakoitzak hainbat errepositorio kudeatu ahalko du, berak parte hartzen duen proiektuen arabera.

- *Errepositorio* batean iturburu kodea duten fitxategiak bilduko dira, software garapen batekin erlazionatutako fitxategiak, hain zuzen. Baina bertsioen kontrola egokiro egin ahal izateko, fitxategien bertsio desberdinak *Git*-en *version* (bertsioa) delakoen bitartez antolatuko dira. Bertsio batentzat, besteak beste, barneko identifikatzaile bat, data eta ordua gordeko dira, eta *commit* eragiketa burutzean erabiltzaileak sartu lezaken iruzkin bat ere.

- Errepositorio bat erabiltzaile bakar batek kudeatuko du. Baina hainbat erabiltzailek material berarekin lan egiten dutenean, material hori gordeko duten errepositorioak erlazionatu egin beharko dira.

- Bertsioen kudeaketaren eraginkortasuna hobetzeko, gordetzen diren materialak fitxategiak nahiz fitxategietarako estekak izan daitezke. Erabiltzaile batek errepositorio batean *commit* eragiketa egiten duenean, sistemak azkeneko aldiaz geroztik aldatu diren

---

[4] Deskribapena honako esteketatik egokituta:
   https://www.tutorialspoint.com/git/index.htm
   https://git-scm.com/book/en/v2/

fitxategiak gordetzen ditu, eta, aldatu ez diren fitxategietarako, estekak biltegiratzen dira, dagozkien fitxategietara (atxikitutako bigarren irudian, puntudun marrarekin fitxategietarako estekak adierazten dira, eta jarraikako marrarekin fitxategiak).

- Fitxategiekin nahiz fitxategietarako estekekin beren izena eta *checksum* delakoa erregistratzen dira (azken hori datuen integritate edo sendotasunaren kontrolerako). Estekekin beharrezkoa izango da zein fitxategi fisikorekin dauden erlazionatuta jakitea.

- *Git*-en ezaugarri nabarmenetako bat *branch* delakoak dira. *Branch* bat erabiltzaileak jarraitu nahi duen garapen lerro bat da, adibidez, garatzen ari den softwarearen ezaugarri berri bat probatu ahal izateko. Horrela, errepositorio batean, printzipioz, garapen lerro (*branch*) bakarra egongo da, gero, erabiltzailea bertsio desberdinak lantzen doan heinean, eta uneren batean, kodearen uneko egoeran oinarrituta, erabiltzaileak lerro (*branch*) berria sortzea erabaki dezake. Bi lerroekin lanean jarraitu ahal izango du eta bakoitzetik bertsio gehiago sortzen. Uneren batean *branch* desberdinen arteko *merge* eragiketa egitea erabaki dezake, berriz ere garapen lerro bakarra edukitzeko.

Ondoren, kodearen antolaketa *Git*-en nolakoa den hobeto ulertzeko irudi pare bat ematen da.

Adibidea 1

Adibidea 2

1.17 Flowcharts

EMF tresna erabiliz irudiko metaeredua sor ezazu, irudiko klase guztiak errepresentatuz, beren atributuak eta klaseen arteko asoziazioak ere barnean hartuz (azken hauen kasuan agregazio motakoak diren edo ez zehaztuz). Irudia dagoen bezala adierazi behar da, <u>ezer aldatu gabe</u>. Emaitza <u>EMF proiektu</u> bat izan behar da, honakoak dauzkana: (1) *.ecore* fitxategi bat, metaeredua osorik duena; (2) aurreko metaeredua errepresentatzeko Eclipse-k sortzen duen.*aird* diagrama, *.ecore* fitxategiari lotutakoa; eta (3) azpian jartzen den ereduaren errepresentazioa duen fitxategia, baliozkotuta eta metaereduarekin bat datorrena.

EREDU 1: *Problem-Worries*

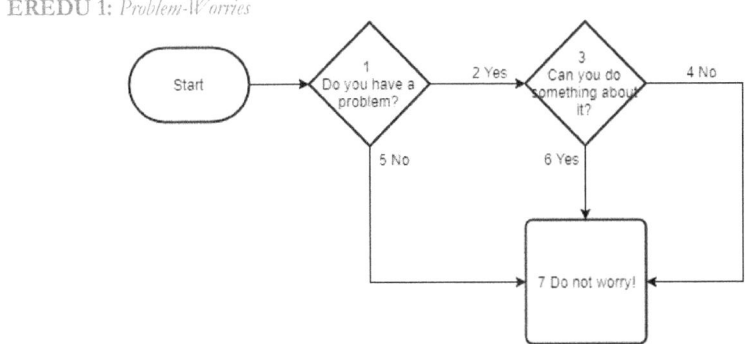

Kontuan hartu, irudian, '*Start*' elementuak fluxu-diagrama non hasten den besterik ez duela adierazten, metaereduan hori ez dela errepresentatzen. Bukaerako elementuak inolako geziren hasiera ez diren elementuak dira. Era berean, erabaki baten hurrengo elementua erabaki horri lotutako *n*

aukerak dira; eta ondoren, aukera (*option*) bakoitzak hurrengo elementu (*next*) bakarra dauka. Bestalde, elementu berak hainbat aurreko (*previous*) izan ditzake, elementu horretara bideratuta dauden hainbat gezi egon baitaitezke (irudiko 7. irudia bezala).

2. ATL

2.1 Examples

Bitez **ExampleOne** eta **ExampleTwo** metaereduak. Lehenengotik bigarrenerako eraldaketa bat definitu nahi da, zehazki, lehenengoaren A edo B elementu bakoitzarengatik bigarreneko AB elementu bat sortuko duena, izen bereko atributuen balioak kopiatuz (eta " " hutsunearekin betez, atributua ez badago).

Jarraian bi metaereduen arteko eraldaketa bat erakusten da, *ExampleOne2ExampleTwo* izena du eta ATL lengoaiarekin idatzita dago. Eraldaketa honek errore sintaktikoak izan ditzake, eta zenbait elementu, parekatze (edo *matching*) baldintza edo esleipen faltan (eta/edo soberan) izan ditzake. Okerrak diren eragiketak ere egon daitezke. Eraldaketa aztertu, eta detektaturiko erroreak zerrendatu eta horien konponketa eman ezazu.

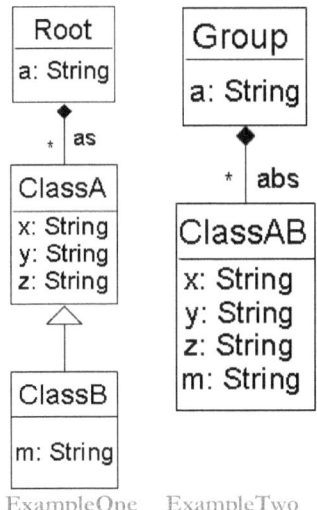

ExampleOne   ExampleTwo

```
module ExampleOne2ExampleTwo;
create outmodel: ExampleTwo from inmodel: ExampleOne;
rule root2group{
  from s: Root
  to   t: Group (
       resolveTemp(a2ab),
       resolveTemp(b2ab)      )
}

rule a2ab {
  from  s: A
  to   t: AB ( x <- s.x,
               y <-s.y ,
               z <- s.z ,
               m <- " " )
}

rule b2ab {
  from   s: B
  to   t: AB ( x <- s.x ,
               y <- s.y ,
               z <- s.z ,
               m <- s.m  )
}
```

2.2 Books

Bitez *BooksOne* eta *BooksTwo*, honako bi metaereduak.

BooksOne-k liburuen eta egileen multzo bat deskribatzen du, gainera liburuei kapitulu-bilduma lotzen zaie (liburuen osagai direnak) eta zein bildumaren barnean sartuta dauden (liburuak bildumaren batekoak balira, bestela, datu hori hutsik edo indefiniturik legoke).

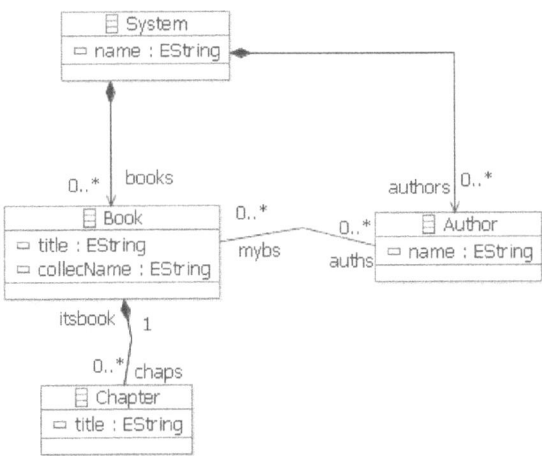

BooksOne

```
<?xml version="1.0" encoding="ASCII"?>
<example:System
xmi:version="2.0" .../metamodel/BooksOne.ecore">
   <books title="Hamlet" auths="//@authors.0">
      <chaps title="ActOne"/>
      <chaps title="ActTwo"/>
   </books>
   <books title="Nature" collecName="Britannica">
      <chaps title="Introduction"/>
   </books>
   <authors name="W. Shakespeare" mybs="//@books.0"/>
</example:System>
```

abookone.xmi

BooksTwo-k ere liburu multzo bat deskribatzen du, baina kasu honetan bereizketa esplizitua egiten du, "independenteak" diren liburuak (metaereduan *"Literary Work"* deituak) eta bildumaren batekoak direnak (metaereduan *"Encyclopedia"* kontzeptua definitzen da, eta entziklopediak hainbat bolumen edo alez osatuta daude, *"Volume"* kontzeptua). Liburu literarioak nahiz ale entziklopedikoak kapituluz osatuta daude, lehen kasuan *"Chapter"* kontzeptuarekin deskribatzen dira, eta bigarrenean *"Section"* kontzeptuarekin.

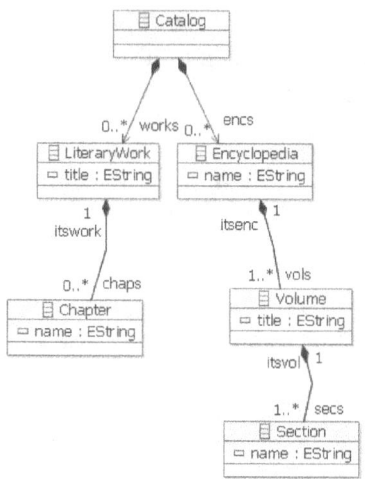

BooksTwo

```xml
<?xml version="1.0" encoding="ISO-8859-1"?>
<exampletwo:Catalog xmi:version="2.0"
xmlns:xmi="http://www.omg.org/XMI"
xmlns:exampletwo="http://www.exam.es/">
  <works title="Hamlet">
     <chaps name="ActOne"/>
     <chaps name="ActTwo"/>
  </works>
  <encs name="Britannica">
     <vols title="Nature">
        <secs name="Introduction"/>
     </vols>
  </encs>
</exampletwo:Catalog>
```

abooktwo.xmi

2.2.1   Transformation *BooksOne2BooksTwo*

BooksOne-tik *BooksTwo*-ra eraldaketa bat definitu nahi da, horrela *BooksOne*-ko liburu bakoitzarengatik lan literario bat (*LiteraryWork*) ala ale entziklopediko bat (*Volume*, bere entziklopediarekin) sortuko da, liburua bildumaren batean sartuta dagoenaren arabera. Gainera dagozkion kapituluak ere sortuko dira. Sarreran *BooksOne* eredu baten adibidea erakusten da, eta berari dagokion *BooksTwo* eredua (*abookone* eta *abooktwo*, hurrenez hurren).

Ondoren *BooksOne2BooksTwo* izeneko eraldaketa erakusten da. ATL-n idatzita dago, baina errore sintaktikoak eduki ditzake eta zenbait elementu, parekatze (*matching*) baldintza edo esleipen faltan (edota soberan) izan ditzake. Eragiketa okerrak egotea ere posible da. Eraldaketa aztertu, eta detektaturiko erroreak zerrendatu (kasu bakoitzean zuzenketa ere proposatu).

```
-- @path booksOneMM=/booksexam/metamodel/BooksOne.ecore
-- @path booksTwoMM=/booksexam/metamodel/BooksTwo.ecore
module BooksOne2BooksTwo;

create OUT : booksTwoMM from IN : booksOneMM;

-- ***************** HELPERS  *******************
-- *********************************************************
-- This function returns a list of 'collection names'
-- (i.e. encyclopaedia names). These names are
-- collected from all 'Book' elements in the model.

helper def: getAllEncyclopedias: Set(String) =
  booksOneMM!Book.allInstances()
    ->select(e|not e.collecName.oclIsUndefined())
    ->collect(i|i.collecName)
    ->asSet();

-- *********************************************************
-- ***************** RULES   *******************
-- *********************************************************
rule System2Catalog {
from s : booksOneMM!System
to t : booksTwoMM!Catalog ( works <- s.books )
do {
  for (i in thisModule.getAllEncyclopedias) {
    t.encs <- createEncyclopedia(i);
  }
 }
}
```

```
rule Book2Work {
from s : booksOneMM!Book
to t : booksTwoMM!LiteraryWork ( title <- s.title )
}
rule Book2Volume {
from s : booksOneMM!Book
to t : booksTwoMM!Volume ( title <- s.title )
}
rule Chapter2Chapter {
from s : booksOneMM!Chapter
to t : booksTwoMM!Chapter ( name <- s.title )
}
rule Chapter2Section {
from s : booksOneMM!Chapter
to t : booksTwoMM!Section ( name <- s.title )
}
rule createEncyclopedia (n: String){
to t : booksTwoMM!Encyclopedia (
  name <- n,
  vols <- booksOneMM!Book.allInstances()
    ->select(e|e.collecName = n)
  )
do {
    t;
  }
}
```

2.2.2 Transformation *BooksTwo2BooksOne*

BooksTwo-tik *BooksOne*-ra eraldaketa bat definitu nahi da, horrela *BooksTwo*-ko lan literario (*LiteraryWork*) bakoitzarengatik *BooksOne*-ko liburu (*Book*) bat sortuko da. Berdin gertatu behar da entziklopedietako bolumen (*Volume*) bakoitzarengatik. Gainera dagozkien kapituluak ere sortuko dira, lan literarioen kapituluetatik nahiz entziklopedien bolumenen sekzioetatik abiatuta. Ondoren, *BooksTwo* eredu baten adibidea erakusten da, eta berari dagokion *BooksOne* eredua

```
<?xml version="1.0" encoding="ASCII"?>
<example:System xmi:version="2.0"
xmlns:xmi="http://www.omg.org/XMI"
xmlns:example="http://www.exam.es/">
<books title="Hamlet">
<chaps title="ActOne"/>
<chaps title="ActTwo"/>
</books>
<books title="Nature" collecName="Britannica">
<chaps title="Introduction"/>
</books>
...
</example:System>
```

abookone.xmi

```
<?xml version="1.0" encoding="ISO-8859-1"?>
<exampletwo:Catalog xmi:version="2.0"
.../metamodel/BooksTwo.ecore">
<works title="Hamlet">
<chaps name="ActOne"/>
<chaps name="ActTwo"/>
</works>
<encs name="Britannica">
<vols title="Nature">
<secs name="Introduction"/>
</vols>
</encs>
</exampletwo:Catalog>
```

abooktwo.xmi

Ondoren *BooksTwo2BooksOne* izeneko eraldaketa erakusten da. ATL-n idatzita dago, baina errore sintaktikoak eduki ditzake eta zenbait elementu, parekatze (*matching*) baldintza edo esleipen faltan (edota soberan) izan ditzake. Eragiketa okerrak egotea ere posible da. Eraldaketa aztertu, eta detektaturiko erroreak zerrendatu (kasu bakoitzean zuzenketa ere proposatu).

```
-- @path booksOneMM=/booksexam/metamodel/BooksOne.ecore
-- @path booksTwoMM=/booksexam/metamodel/BooksTwo.ecore
module BooksTwo2BooksOne;
create OUT : booksOneMM from IN : booksTwoMM;
rule Catalog2System {
    from s : booksTwoMM!Catalog
    to t : booksOneMM!System ([    ])
    do {[    ]}
    }
rule Work2Book {
    from s : booksTwoMM!LiteraryWork
    to t : booksOneMM!Book ([    ])
    }
rule Encyclopedia2Book {
    from s : booksTwoMM!Encyclopedia
    to t : booksOneMM!Book ([    ])
    do {[    ]}
    }
rule Volume2Book {
    from s : booksTwoMM!Volume
    to t : booksOneMM!Book ([    ])
    do {[    ]}
    }
rule Chapter2Chapter {
    from s : booksTwoMM!Chapter
    to t : booksOneMM!Chapter ([    ])
    do {[    ]}
    }
rule Section2Chapter {
    from s : booksTwoMM!Section
    to t : booksOneMM!Chapter ([    ])
    do {[    ]}
    }
```

2.3   Genealogies

Bitez **country** eta **genealogies** metaereduak, non beraien diagramak ondorengoko irudietan erakusten diren.

Country metaereduko eredu batek herrialde *(Country)* zehatz bateko pertsonak *(Person)* errepresentatzen ditu. Herrialdea hiritan *(City)* antolatuta dago. Pertsona bakoitzak bere zuzeneko arbasoekiko *(parents)* erreferentzia dauka. Ezkondutako pertsona bere ezkontidera lotuta dago *(marriedTo)*, eta bere zuzeneko ondorengoetara *(children)*. Sinplifikatzearren, pertsona ezkongabeek seme-alabarik ez dutela suposatuko dugu, ezkontzak gizonezko bat eta emakumezko baten artean direla, eta, pertsonako, ezkontza bakarra erregistratzen dela.

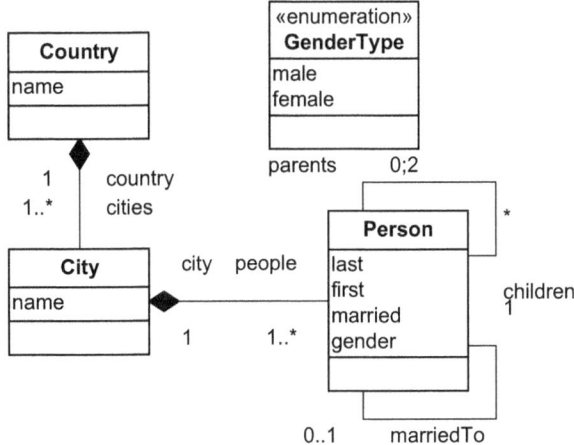

Genealogies metaereduak zuhaitz genealogikoen *(trees)* zerrenda errepresentatzen du. Zuhaitzen erroak *(roots)* pertsona ezkongabeak edo bikoteak dira, zehazki, beren arbasoen inguruko daturik ez daukatenak. Bikote batetik bere ondorengoetara irits daiteke, eta hauen ondorengoetara, eta horrela segidan bata bestearen ondoren. Zuhaitzaren hostoak pertsona ezkongabeak izango dira edo bestela seme-alabarik gabeko bikoteak. Sinplifikatzearren, bikote baten zuzeneko ondorengo bezala seme-alaba ezkongabeak kontserbatuko dira, eta baita seme ezkonduek osatutako bikoteak ere. Beste era batera esanda, alaba ezkonduak ez dira beren gurasoen zuhaitz genealogikoan egongo, baizik eta beren senarraren gurasoenean.

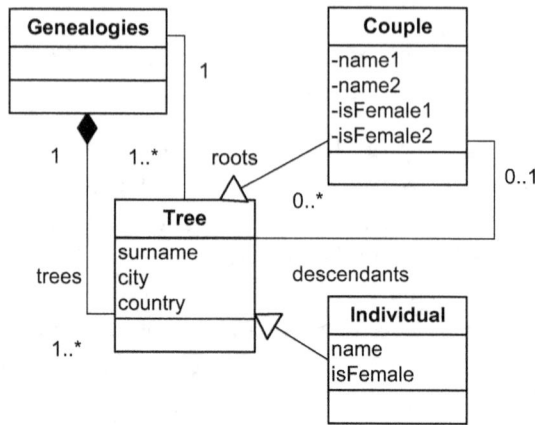

Zuhaitzeko (*Tree*) nodo guztiek abizena (*surname*) izango dute, eta baita hiria (*city*) eta herrialdea (*country*), non dauden sustraituta adierazten dutenak. Pertsona ezkongabeek (*Individual*) izen (*name*) bat daukate, eta balio boolear bat, emakumea denentz (*isFemale*) adierazten duena. Bikoteek (*Couple*) gizonezkoaren abizena (*surname*) kontserbatzen dute eta emakumearen bizileku den hiria (*city, country*). Beren ponteko izenak kontserbatzen dituzte (*name1* eta *name2*). Sexua *isFemale1* eta *isFemale2* atributu boolearren bidez adierazten da. Arau edo ohitura moduan, 1 zenbakia gizonezkoarekin erabiliko da eta 2 emakumezkoarekin.

2.3.1 Helper *getSinglesPlusMarriedMen()*

helper funtzio bat (*getSinglesPlusMarriedMen* izenarekin) eraiki, *Country* metaklaseko elementu batentzako pertsonen zerrenda lortuko duena, zehazki bertan bizi diren pertsona ezkongabe guztiak (gizon edo emakume) eta ezkondutako gizonezkoak biltzen dituen zerrenda. Edo, beste era batera esanda, gizonezko guztiak (ezkongabe nahiz ezkondu) eta emakume ezkongabeak biltzen dituen zerrenda.

2.3.2 Helper *getFather()*

helper funtzio bat (*getFather* izenarekin) eraiki, *Person* metaklaseko elementu batentzako bere aita lortuko duena.

2.3.3   Transformation *Country2Genealogies*

Country2Genealogies eraldaketa inplementatu, *country*-rekin bat datozen ereduak *genealogies*-era pasa ditzan. Herrialde bateko populazioa emanik, *country*-ko eredu horretatik eratortzen diren zuhaitz genealogikoak lortu nahi dira. Ondorengo taulan, iturburu (*source*) ereduko elementuetatik abiatuz, helburu (*target*) ereduan sortu behar diren elementuen eskema aurkezten da.

Source	*Target*
Country	Genealogies
Country	--
City	--
Person	Individual (ezkongabea/soltero) Couple (ezkonduta/casado)

2.4   Primary School

Bitez *families* eta *school* metaereduak, non beren diagramak ondoko irudietan agertzen diren.

Families klasean erabili den metaeredua da, eta familiak (*Family*) deskribatzen ditu, bere kide desberdinak (*Member*) zehazten dituelarik (aita, ama, semea eta alaba, hurrenez hurren, *father, mother, son, daughter*). Beren maskotak (*Pet*) ere deskribatzen dira, eta beren kideen datu zehatzagoak ere (osasun fitxategiak (*HealthFile*) eta posta elektronikoko kontua (*EmailAccount*)). Sinplifikatzearren, jaiotze-data zenbaki oso bat dela suposa ezazu, dataren urtea hain zuzen.

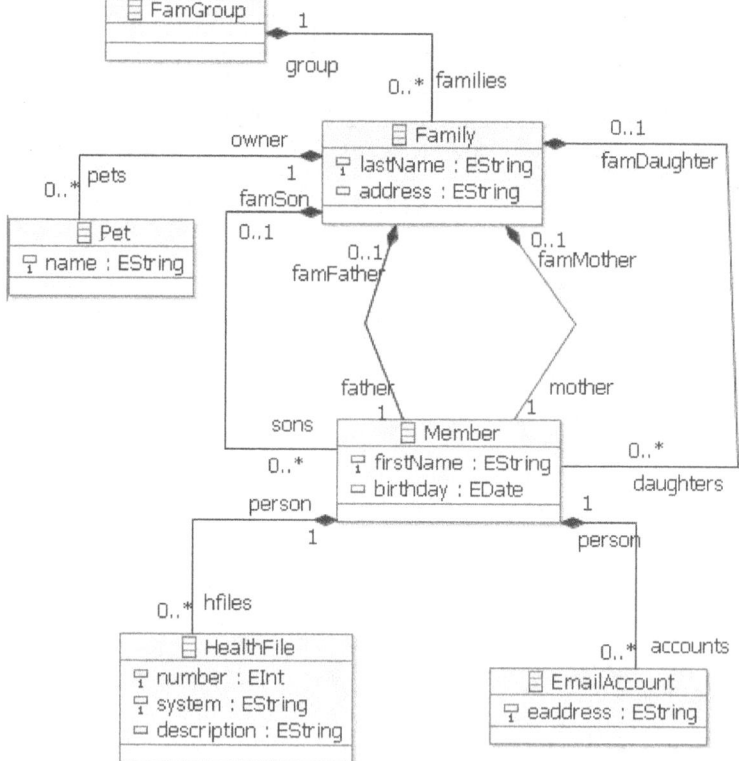

Families (MM1)

School-ek lehen hezkuntzako eskola *(school)* baten egoera deskribatzen du. Zehazki, ematen diren *kurtsoak, pertsonala,* eta *ikasleak* deskribatzen

ditu. Kurtsoek eskolan ematen diren kurtsoak adierazten dituzte
(adibidez, lehen hezkuntzako 1.a, 2.a, 3.a, etab.). Kurtsoak hainbat
taldetan (gutxienez 1) antolatuta daude. Talde bakoitzari irakasle bat
esleitzen zaio taldeko *tutore* bezala, eta pertsonaleko bi kide *laguntzaile*
moduan. Ikasleak beren familiaren arabera sailkatzen dira, eta bere
jaiotze-urtearen arabera handienetik txikienera ordenatzen dira.

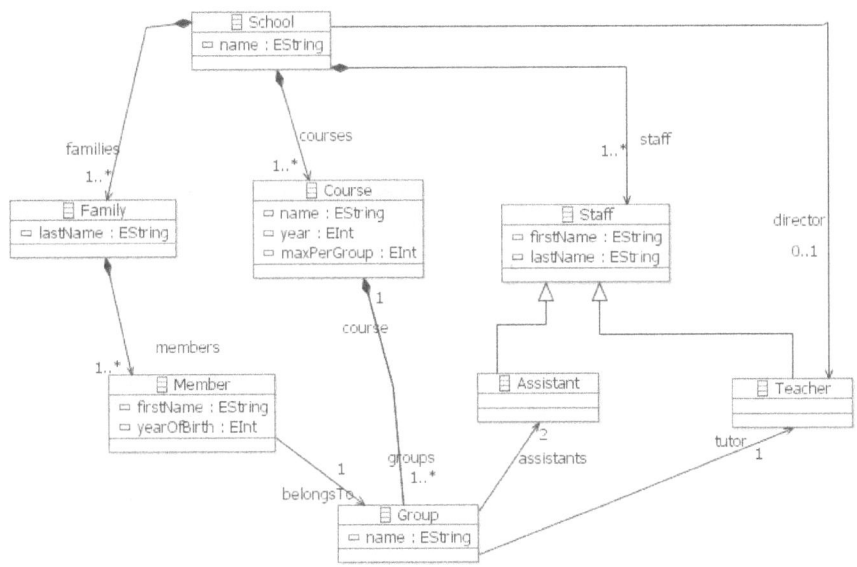

School (MM2)

2.4.1 Helper *isParent()*

helper funtzio bat (*isParent* izenarekin) eraiki, *Member* metaklasearen
elementu batetik balio boolear bat itzuliko duena, kide hori familia bateko
erroa denaren arabera (hau da, adinez nagusi eta familia bateko aita/ama
denaren arabera).

2.4.2 Helper *getYears()*

helper funtzio bat (*getYears* izenarekin) eraiki, jaiotze-urteen multzoa
itzuliko duena, eskolako ikasleak izan daitezkeen, hots, 18 urtetik
beherako familia-kideen jaiotze-urteak hain zuzen ere.

2.4.3 Helper *hasAccounts()*

helper funtzio bat (*hasAccounts* izenarekin) eraiki, *Member* metaklasearen elementu batetik balio boolear bat itzuliko duena, kide horrek posta elektronikoko kontuak dituenaren arabera

2.4.4 Helper isParentWithoutChildren()

helper funtzio bat (*isParentWithoutChildren* izenarekin) eraiki, *Member* metaklasearen elementu batentzat hori "seme-alabarik gabeko gurasoa" denentz egiaztatzen duena.

2.4.5 Helper *getAllParentsWOC()*

helper funtzio bat (*getAllParentsWOC* izenarekin) eraiki, seme-alabarik gabeko guraso diren *Member* metaklaseko elementu guztiak lortzen dituena. Funtzio hau garatzeko, eta egokia baderitzozu, aurreko puntuetako funtzioak erabil ditzakezu, laguntza moduan.

2.4.6 Helper *getOldestParentWOC()*

helper funtzio bat (*getOldestParentsWOC* izenarekin) eraiki, seme-alabarik gabeko guraso zaharrena den *Member* metaklaseko elementua lortzen duena, hots, jaiotze-urte txikiena duena. Funtzio hau garatzeko, eta egokia baderitzozu, aurreko puntuetako funtzioak erabil ditzakezu, laguntza moduan.

2.4.7 Transformation *Families2School*

families ereduetatik *school* ereduetara aldaketa egingo duen eraldaketa programatu. Familia multzo bat (eta beren kideak) emanik, eskola baten deskribapena lortu nahi da, eskolarako adina[5] duten umeak dauzkaten familiak biltzen dituena eta baita eskolako irakasleak eta laguntzaileak ere. Sinplifikatzearren, eta oso erreala izan ez arren, eskolako irakasleak seme-alabarik ez duten unitate familiarren kideak (aita/ama) izango dira, eta laguntzaileak, berriz, familietako seme-alaba nerabeak[6]. Ondorengoko

---

[5] eskolarako adina duten umeak 18 urtetik beherakoak dira, hots, 1997 ondoren jaiotakoak.
[6] ume nerabeak 18 urte baino gehiagokoak dira, hots, bere jaiotze-urtea 1997 baino lehenagokoa dutenak.

taulan, jatorrizko (*source*) elementuetatik, helburu (*target*) ereduan sortu behar diren elementuen eskema aurkezten da

Source	Target
FamGrop	School
Family	Family
Member (eskolarako adina duen umea)	Member
Member (ume nerabea)	Assistant
Member (seme-alabarik gabeko aita/ama)	Teacher

2.4.8 Transformation *Families2School (bis)*

families ereduetatik *school* ereduetara aldaketa egingo duen eraldaketa programatu. Familia multzo bat (eta beren kideak) emanik, eskola baten deskribapena lortu nahi da, eskolarako adina[7] duten umeak dauzkaten familiak biltzen dituena eta baita eskolako irakasleak eta laguntzaileak ere. Sinplifikatzearren, eta oso erreala izan ez arren, eskolako langileak (*staff*) seme-alabarik ez duten unitate familiarren kideak (aita/ama) izango dira (irakasle ala laguntzaile izango dira posta elektronikoko kontua daukatenaren arabera). Zuzendari moduan umerik ez duen aita/ama zaharrena esleituko da. Ondorengoko taulan, jatorrizko (*source*) ereduko elementuetatik, helburukoan (*target*) sortu behar diren elementuen eskema aurkezten da.

Source	Target
FamGrop	School
Family	Family
Member (eskolarako adina duen umea)	Member
Member (seme-alabarik gabeko aita/ama, eta posta-konturik gabe)	Assistant
Member (seme-alabarik gabeko aita/ama, eta posta-kontua daukana)	Teacher

---

[7] eskolarako adina duten umeak 18 urtetik beherakoak dira, hots, 1997 ondoren jaiotakoak.

2.5　Libraries & ProductCatalog

Bitez *libraries* eta *prodcatalog* metaereduak, non beraien diagramak ondorengoko irudietan erakusten diren.

Libraries liburutegi zehatz (*Library*) baten funtsa errepresentatzen du. Liburutegi funtsean aurki daitezkeen elementuen artean entziklopediak (*Encyclopedia*) daude, hainbat liburuz *(Book)* osatzen direnak (entziklopediak liburu bildumak dira); eta liburu hauek, era berean, CDak eduki litzakete. Funtsetan, entziklopedien barruan sartzen ez diren liburuak egon daitezke (horiek ere CDak eduki ditzakete asoziatuta, edo ez), eta baita CD solteak ere, inolako libururekin erlazionaturik ez daudenak.

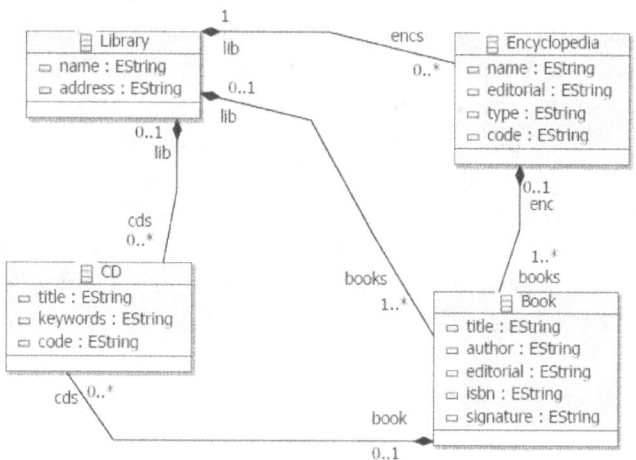

Libraries (MM1)

ProdCatalog produktuen (*Product*) katalogo bat errepresentatzen du. Produktuak klasea abstraktua da, eta bere barnean bi mota kontuan hartzen dira: bildumagaiak (hots, bildumaren batean parte har dezaketenak) (*Collectable*) eta gainontzeakoak (*Item*). Produktu batzuetan (liburuetan, zehazki) beren egileei buruzko informazioa jasotzea posible da. Bildumagai diren elementuek bilduma horretako gainontzeko beste (*others*) produktuekin erlazioa badute.

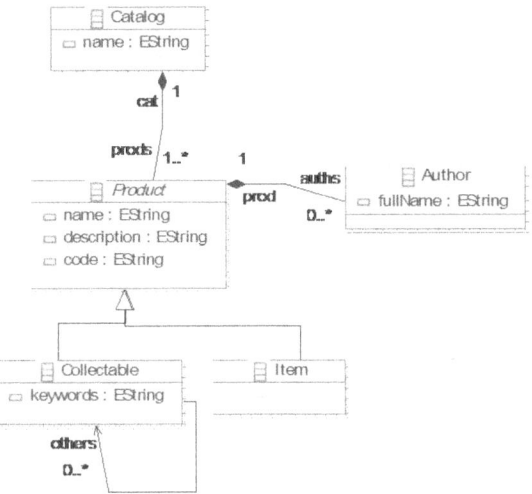

ProdCatalog (MM2)

2.5.1 Helper *getOtherCollectionItems()*

helper funtzio bat eraiki (*getOtherCollectionItems* izenarekin), *Book* metaklasearen elementu batentzako bilduma berekoak diren beste liburuen zerrenda lortuko duena (baldin eta bilduma batekoa bada, bestela zerrenda hutsa lortuko da).

2.5.2 Helper *getCollectableBooks()*

helper funtzio bat eraiki (*getCollectableBooks* izenarekin), *Library* elementu batentzako bildumaren batekoak diren liburuen zerrenda lortuko duena. Adibidez, hurrenez hurren {*book1*, *book2*} eta {*book3*, *book4*, *book5*} liburuak dauzkaten bi entziklopedia dituen eredu batean, honako zerrenda lortuko da: {*book1*, *book2*, *book3*, *book4*, *book5*}.

2.5.3 Transformation *Libraries2Prodcatalog*

libraries ereduak *prodcatalog*-era pasako dituen eraldaketa programatu, ondoren deskribatzen dugun mapeatzearekin bat etorriz. Liburutegi batetik katalogo bat lortu behar da. Entziklopediek ez dute helburu metaereduan pareko elementurik, baina beraien liburuek bai: bildumagai produktuak dira (liburuaren titulua produktuaren izena da, deskribapena hutsik geratzen da, eta bere isbn-a kodea da). Liburu bati lotutako CDak ere bilduman parte har dezaketen produktuak (hots, bildumagai) bezala

kontsideratzen dira (CD-aren titulua bere izena da, eta deskribapena
hutsik geratzen da). Bildumagai ez diren liburu eta CD-ak item dira.
Mapaketa honako taulan laburbiltzen dugu.

Source	Target
Library	Catalog
Encyclopedia	--
Encyclopedia-ko Book	Product Collectable, Author
Beste Book	Product Item, Author
Encyclopedia-ko Book-en CD	Product Collectable
Beste CD	Product Item

2.6 Political System

Bitez **Party** eta **Lists** metaereduak, non beraien diagramak ondorengoko irudietan erakusten diren.

Party metaereduak politikariak (*politician*) errepresentatzen ditu, alderdi politiko (*party*) eta hiri (*city*) zehatz bati atxikiak.

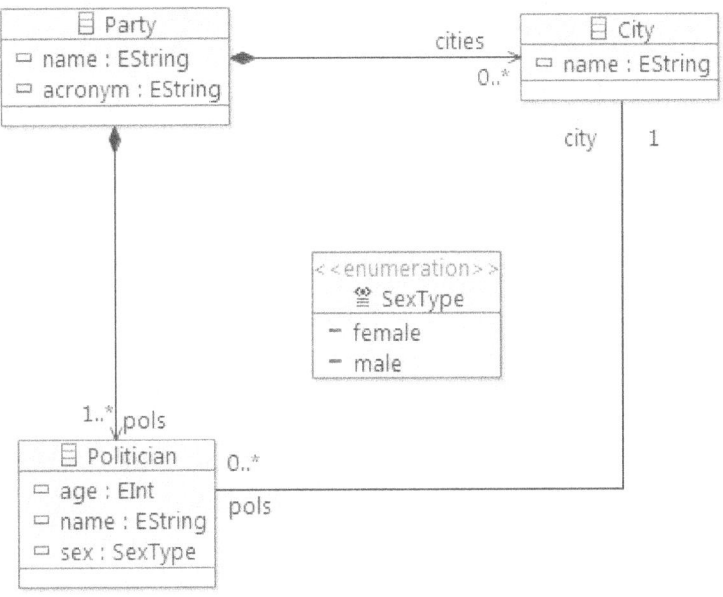

Party (MM1)

Lists metaereduak erakunde politiko baten pertsona hautagaien (*candidate*) zerrendak (*lists*) errepresentatzen ditu, alderdiak hautagaitzak aurkezten dituen hirietako (*town*) zerrendak hain zuzen.

Lists (MM2)

2.6.1 Helper *isCandidate()*

helper funtzio bat eraiki (*isCandidate()* izenarekin), *Politician* metaklasearen elementu batentzako hau hautagaitza baten parte izango denentz esango duena (hots, *true* itzuliko du politikaria hautagai zerrendaren batean egongo bada, eta *false* bestela). Pertsona bat hautagai zerrendan egongo da, baldin eta bera atxikituta dagoen hirian bere sexuko politikariek gehiengoa osatzen badute.

2.6.2 Helper *getSexType()*

helper funtzio bat eraiki (*getSexType()* izenarekin), *City* elementu batentzako hiri horretako politikoen artean nagusitzen den sexua lortzen duena.

2.6.3 Helper *numberOfMales()*

helper funtzio bat eraiki (*numberOfMales()* izenarekin), *City* elementu batentzako hiri horretan gizonezkoak diren politikoen kopurua lortzen duena.

2.6.4   Transformation *Party2Lists*

Party ereduak *Lists*-era pasako dituen eraldaketa programatu, ondoren deskribatzen dugun mapeatzearekin bat etorriz. Hiri bateko hautagaien zerrenda hiri horretan gehiengoa den sexuko politikariek osatzen dute, adin txikienekotik handienekora ordenatuta. Kontuan hartu hiri horretako gainontzeko politikariak ez direla hautagai, eta ez luketela zerrendatan agertu beharko. Mapaketa honako taulan laburbiltzen dugu.

Source		Target	
Party	*acronym*	Lists	*party*
City	*name*	Town	*name*
Politician	*age, name, sex*	Candidate	*age, name, female*

2.7   Political System (2)

Bitez *ListsTwo* eta *PartyTwo* metaereduak, non beraien diagramak ondorengoko irudietan erakusten diren.

ListsTwo metaereduak erakunde politiko baten pertsona hautagaien (*candidate*) zerrendak (*lists*) errepresentatzen ditu. Zerrenda horiek hirietara (*town*) asoziatuta egongo dira, alderdiak hautagaitzak non aurkezten dituenaren arabera. Gainera hautagaiekin lotura duten instituzioen (*institution*) informazioa ere adierazten da (zerrendak sortzen ari direnean, bitarteko egoeratan, hautagai guztiek instituzioa lotuta ez edukitzea posible da).

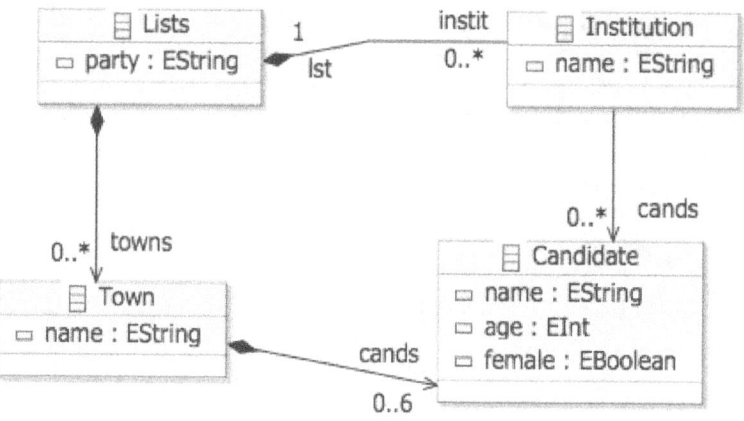

ListsTwo (MM1)

PartyTwo metaereduak politikariak (*politician*) errepresentatzen ditu, alderdi politiko (*party*) eta hiri (*city*) zehatz bati atxikiak. Kargu publikoa (*public office*) betetzen duten politikariak kontuan hartzen dira (horietarako, dagokien instituzioaren izena gordeko da).

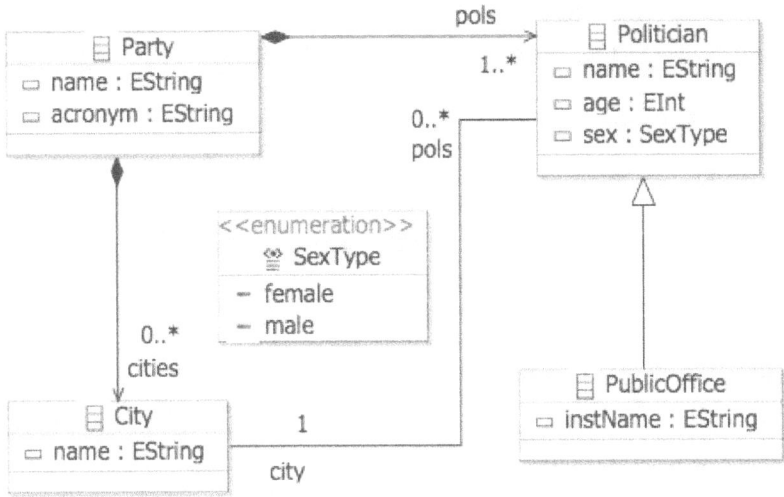

PartyTwo (MM2)

2.7.1 Helper *getInstitution()*

helper funtzio bat eraiki (*getInstitution* izenarekin) *Candidate* metaklasearen elementu batentzako, hau hautagaia den instituzio guztien artean, eta bere izenen orden alfabetikoa jarraituz, lehengoa itzultzen duena.

2.7.2 Helper *getTotalNumOfCandidates()*

helper funtzio bat eraiki (*getTotalNumOfCandidates* izenarekin) hiri guztien artean hautagai guztien kopuru osoa lortzen duena. Oharra: adierazpen bat baino gehiago da baliozkoa, baina ariketa honetan 3 funtzio baino gehiago erabiltzen dituztenak bakarrik onartuko dira (adierazpenaren testuinguruan beharrezkoak diren 3 funtzio).

2.7.3 Transformation *ListsTwo2PartyTwo*

ListsTwo ereduak *PartyTwo*-ra pasako dituen eraldaketa programatu, ondoren deskribatzen den mapeatzearekin bat etorriz. Mapaketa ondorengo taulan laburbiltzen da. Eraldaketa osorik burutzen da, zerrenda guztien artean 3 hautagai (*Candidate*) edo gehiago daudenean. Bestela, eraldaketa *Party*-ra bakarrik mugatzen da. Lehen kasuan, gainera, hautagaiak politikoan (*Politician*) edo kargudunean (*PublicOffice*) eraldatuko dira, instituzioa esleituta dutenaren arabera; eta hautagaiak atxekituta dituzten hiriak bakarrik kontuan hartuko dira.

Oharra: erregelen inplementazioan **ezingo da _allInstances()_ funtzioa erabili**, ematen diren helper funtzioetatik aparte.

if 3 or more candidates

Source			Target	
Lists	*party*		Party	*name*
Town	*name*	if candidates	City	*name*
Candidate	*name, age, female*	if not institution	Politician	*name, age, sex*
Candidate	*name, age, female*	if institution	PublicOffice	*name, age, sex, instName*

if 2 or less candidates

Source			Target	
Lists	party		Party	*acronym*

2.8 Directories

Bitez *SimpleDir* eta *BigDir* metaereduak, non beraien diagramak ondorengoko irudietan erakusten diren.

SimpleDir (MM1)

SimpleDir metaereduak fitxategi sistema baten fitxategiak eta direktorioak (*FileOrDir*) errepresentatzen ditu. Denek beren izena (*name*) dute. Direktorioak eta fitxategiak *isDirectory* atributuaren balioarengatik bereizten dira (balioa *true* bada direktorioa da, bestela fitxategia). Fitxategiaren edo direktorioaren baimenak adierazten dira (*r-read*, *w-write* eta *x-execute*). Direktorioek barnean beste item batzuk eduki ditzakete (fitxategiak nahiz direktorioak izan daitezkeenak). Gainera fitxategiaren kokapen fisikoaren inguruko informazioa ere gordetzen da (diskoa – *disk*, pista – *track* eta sektorea – *sector*).

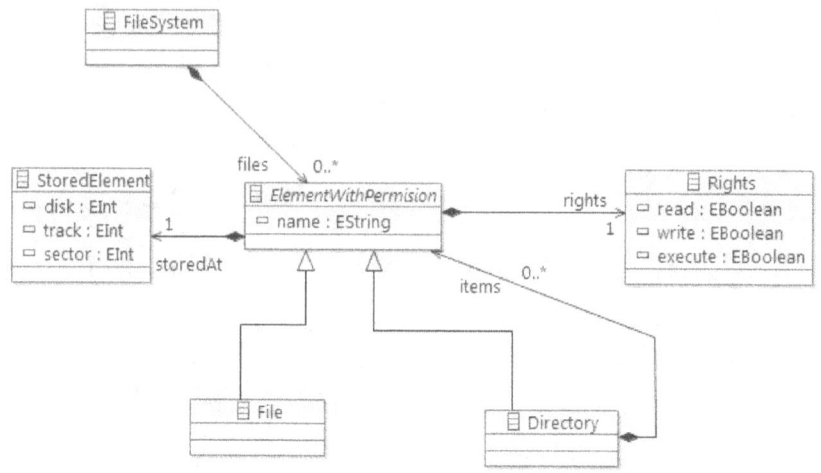

BigDir (MM2)

BigDir metaereduak ere fitxategi sistema baten fitxategiak eta direktorioak errepresentatzen ditu, baina beste era batera. Sistema honetan baimenak eta fitxategien kokapen fisikoa banatuta gordetzen dira, eta fitxategi bakoitzak bere kokapen fisikora eta bere baimenetara erreferentziak dauzka. Izena (*name*) gordetzen da. Hemen ere direktorioek fitxategiak edo beste direktorio batzuk dauzkate.

2.8.1   Helper *getExecFiles()*

helper funtzio bat eraiki, *getExecFiles()* izenekoa, direktorio batentzako, direktorio horretan zuzenean gordetako fitxategi exekutagarrien kopurua lortuko duena. Fitxategi exekutagarriak exekuzio baimena dutenak dira.

2.8.2   Helper *getSamePermission()*

helper funtzio bat eraiki, *getSamePermission()* izenekoa, direktorio eta baimen batentzako, direktorio horretan zuzenean gordetako fitxategien artean aipatu baimen hori dutenen izena lortuko duena.

2.8.3   Helper *getAllFiles()*

helper funtzio bat eraiki, *getAllFiles()* izenekoa, direktorio batentzako, direktorio horretan gordetako fitxategi guztiak lortuko dituena. Fitxategi guztiak nahi dira, direktorioan zuzenean gordetakoak nahiz bere azpidirektorioetan gordetakoak.

2.8.4   Helper *getFilesInSameDisk()*

helper funtzio bat eraiki, *getFilesInSameDisk()* izenekoa, fitxategi batentzako, bere disko berean kokatutako beste fitxategiak lortuko dituena.

2.8.5   Helper *getDisks()*

helper funtzio bat eraiki, *getDisks()* izenekoa, diskoen zerrendaketa lortuko duena. Horiek sistemak dauzkan elementuak kokatzen direneko diskoak izango dira.

2.8.6   Transformation *SimpleDir2BigDir*

SimpleDir ereduak *BigDir*-era pasako dituen eraldaketa, ondorengo taulan laburbiltzen den mapeatzearekin bat etorriz.

Source		Target	
System		FileSystem	
FileOrDir	*Direktorioa da*	Directory	*Name*
		StoredElement	*Disk,track,sector*
		Rights	*Read,write,execute*
FileOrDir	*EZ da direktorioa*	File	*Name*
		StoredElement	*Disk,track,sector*
		Rights	*Read,write,execute*

2.9 Wiki & Blog

Bitez **Blog** eta **Wiki** metaereduak, zeinen diagramak ondorengoko irudietan erakusten diren.

Blog metaereduak *blog (web-eko log)* bat errepresentatzen du, hau koaderno edo egunkari baten antzekoa da, non beren interesekoa den gai baten inguruan hainbat erabiltzailek (edo bakar batek) beren hausnarketak, iritziak, aholkuak, etab. idazten dituzten. Blog batek artikuluak (*post*) dauzka, beren titulua, edukia eta argitaratze datarekin. Blog batean erregistraturiko erabiltzaileak editatzaileak (*editor*) edo irakurleak (*reader*) dira, lehenengoek artikuluak (*post*) eta iruzkinak (*comment*) idatzi edo editatzen dituzte, eta irakurleek iruzkinak (*comment*) bakarrik idatz ditzakete. Artikuluek (*post*) hainbat iruzkin eduki ditzakete, eta iruzkin (*comment*) bakoitzak ere beste hainbat iruzkin asoziaturik eduki ditzake.

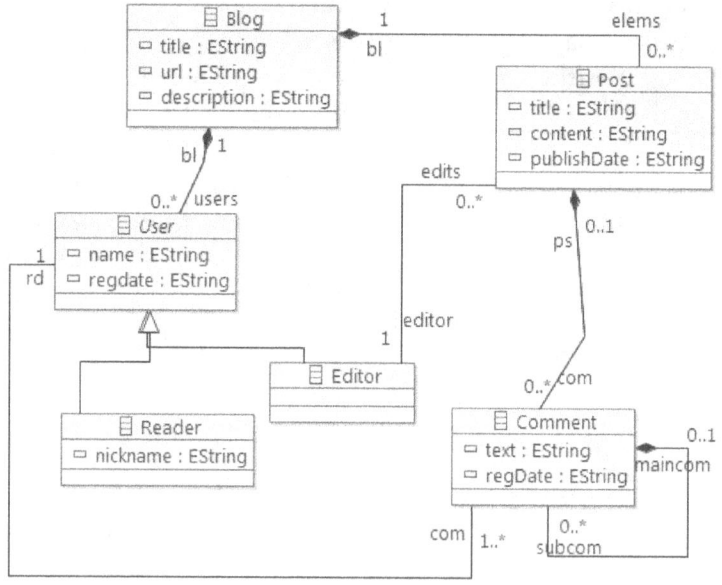

Blog (MM1)

Wiki metaereduak wiki bat errepresentatzen du, artikuluak modu kolaboratiboan, elkarren artean, idazteko ingurunea dena. Wiki batek hainbat errebisio edo berrikuspen eduki dezake, berrikuspen (*revision*) bakoitzak artikulu (*wikiText*) baten egitura osoa deskribatzen du.

Artikulua (*wikiText*) era hierarkikoan antolaturiko hainbat sekzioz (*section*) osatzen da, eta gainera hainbat eranskinez (*annex*). Sekzioek titulua eta testu (*Text*) batez gain, azpisekzioak eduki ditzakete, eta hauek, era berean, azpi-azpisekzioak, etab. Erlazio hierarkiko hori *subsec* erlazioaren eta *level* atributuaren bitartez deskribatuta dago.

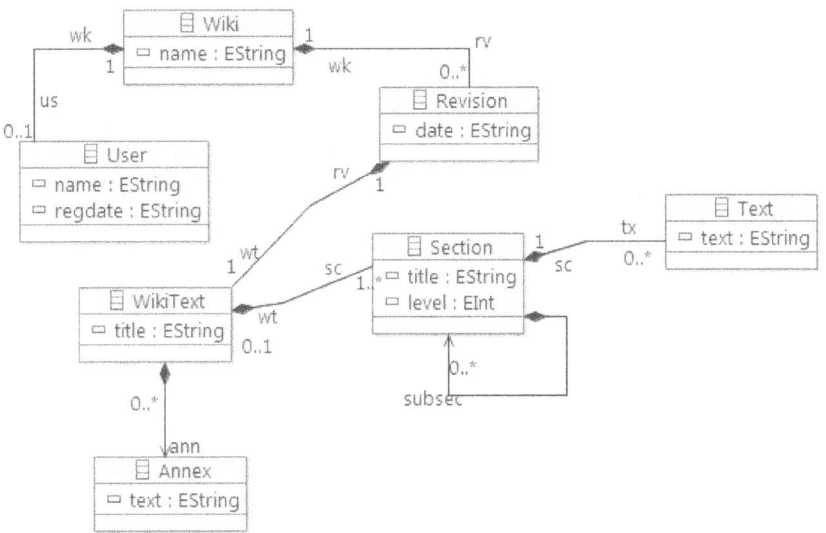

Wiki (MM2)

2.9.1 Helper *getBestPost()*

helper funtzio bat eraiki, *getBestPost()* izenekoa, artikulu (*post*) bat lortuko duena: editatzaile batentzat, berak editatu dituen artikuluen artean, zuzeneko iruzkin gehien jaso dituena hain zuzen.

2.9.2 Transformation *Blog2Wiki*

Blog ereduak *Wiki*-ra pasako dituen eraldaketa, ondorengo taulan laburbiltzen den mapeatzearekin bat etorriz ('*hasierako iruzkina*' artikulu batekin zuzenean elkartzen dena; '*ez-hasierako iruzkina*' beste iruzkin batekin elkartzen dena).

Source	Target

Blog		Wiki Revision Wikitext	
Editor		User	
Post		Section Text	*Section (level=1)* *Text (text=Post.content)*
Comment	*Hasierakoa da*	Section Text	*Section (level=2)* *Text (text=Comment.text)*
Comment	*EZ da hasierakoa*	Annex	

2.10 BPMN and Graph diagrams

Bitez **BPMN** eta **Graph** metaereduak, non beraien diagramak ondorengo irudietan erakusten diren.

BPMN metaereduak BPMN diagrama bat errepresentazen du. Hau konexio (*Connection*), fluxu-objektu (*FlowObject*) eta artefaktuez (*Artifact*) osatuta dago. Fluxu-objektuak gertaera (*Event*), lotura-ate (Gateway) eta ekintzatan (*Activity*) sailkatzen dira. Horietako bakoitzak beste azpisailkapen bat du, honako mota enumeratuen bitartez adierazten direnak: *ConnectionType* (konexioetarako), *EventType* (gertaeretarako), *GatewayType* (lotura-ateetarako) eta *ActivityType* (ekintzetarako). Konexioek fluxu-objektu bat dute zeinetatik (*from*) ateratzen diren, eta beste bat zeinetara (*to*) heltzen diren. Ekintzek artefaktu batetik irakur (*requires*) dezakete edo artefaktu batean idatz (*produces*) dezakete.

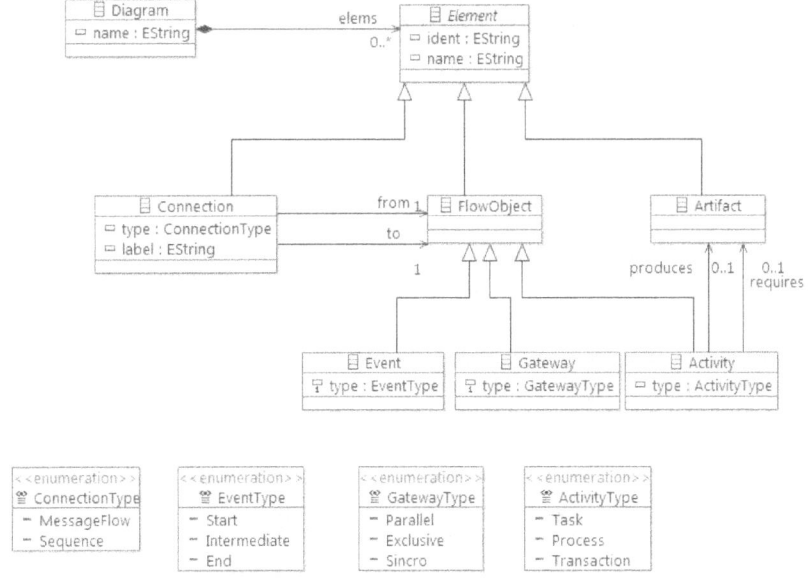

BPMN (MM1)

Graph metaereduak grafoak errepresentatzen ditu. Grafoak nodo (*Node*) eta ertzez (*Edge*) osatzen dira. Ertzak jatorrizko nodo (*source*) bat helmuga nodo (*target*) batekin lotzen du.

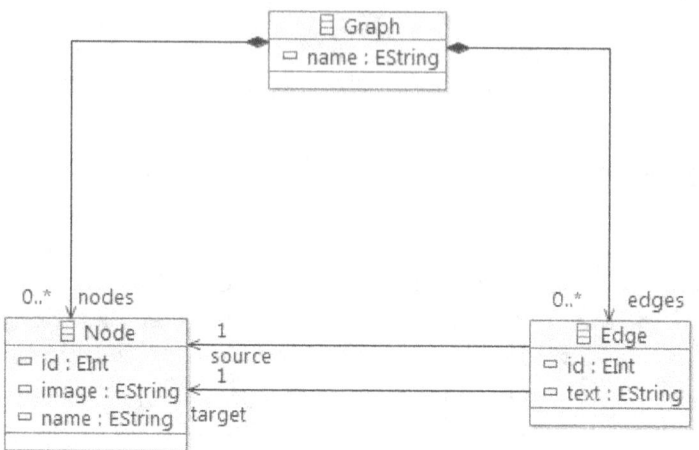

Graph (MM2)

2.10.1 Helper *getRequiringActivities()*

helper funtzio bat eraiki, *getRequiringActivities()* izenekoa eta testuinguru gabekoa, artefakturen baten beharra duten (*requires*) ekintza guztiak lortuko dituena.

2.10.2 Helper *getConnections()*

helper funtzio bat eraiki, *getConnections()* izenekoa eta testuinguruduna, fluxu-objektu bi emanik, beraien artean dauden konexioen bilduma lortuko duena.

2.10.3 Helper *getIconPath()*

helper funtzio bat eraiki, *getIconPath()* izenekoa eta testuinguruduna, gertaera batentzat, mota horretako gertaerak grafikoki adierazteko erabiltzen den fitxategiaren izena lortuko duena.

Start	*/img/flowobject/event/ **start**.png*
End	*/img/flowobject/event/ **end**.png*
Intermediate	*/img/flowobject/event/ **intermediate**.png*

2.10.4 Helper *getAllConnections()*

helper funtzio bat eraiki, *getAllConnections()* izenekoa, diagrama bat emanik bere fluxu-objektu bakoitzeko, objektu horretatik ateratzen diren konexioen zerrenda lortuko duena. Adibidez, diagrama batean 3 fluxu-objektu badaude, o1, o2 eta o3, emaitza hiru sekuentziaz osaturiko sekuentzia bat izan behar da: lehenengoa o1-etik ateratzen diren konexioekin, bigarrena o2-tik ateratzen direnekin eta hirugarrena o3-tik ateratzen direnekin.

2.10.5 Helper *getNextObjects()*

helper funtzio bat eraiki, *getNextObjects()* izenekoa, fluxu-objektu batentzat, objektu horretatik abiatzen den konexioren bat zeharkatuz atzigarriak diren fluxu-objektu guztien bilduma lortuko duena.

2.10.6 Helper *getPostSincroObjects()*

helper funtzio bat eraiki, *getPostSincroObjects()* izenekoa eta testuinguru gabekoa, sinkronizazio erako lotura-ateetatik zuzenean jarraian dauden fluxu-objektu guztiak lortuko dituena.

2.10.7 Helper *getProducedArtifacts()*

helper funtzio bat eraiki, *getProducedArtifacts()* izenekoa eta testuinguru gabekoa, diagrama bateko transakzioek sortutako artefaktu guztiak lortuko dituena.

2.10.8 Transformation *BPMN2Graph*

BPMN ereduak *Graph*-era pasatuko dituen eraldaketa programatu, beheragoko taulan laburbiltzen den eta ondoren definitzen den mapeatzearekin bat etorriz. BPMN diagrama bat grafo bat bezala irudika daiteke. Konexioak ertzen bitartez irudikatzen dira eta diagramako gainontzeko elementu bakoitza nodo baten bitartez. Sinplifikatzearren, honakoak kontuan hartuko ditugu:

- Konexio guztiak mota berekoak dira.
- Nodo bakoitzak irudi desberdina dauka, nodo motak bereizteko (ikus beheko ibilbideak).
- Diagrama batek irakurria izango den artefaktu bat du gehienez eta beste bat idatzia izango dena gehienez. Hau da, artefaktu bat sortuko duen ekintza bakarra egongo da gehienez ere eta beste bat artefaktu bat beharko (*requires*) duena gehienez ere (ekintza bera izan daiteke artefaktuak sortu eta behar dituena).

	Source		Target
BPMN		**Graph**	
Diagram	*name* *elems*	Graph	*name* *nodes, edges*
Connection	*label* *from* *to*	Edge	*text* *source* *target*
Event	*ident* *name* *type*	Node	*id* *name* *image*
Gateway	*ident* *name* *type*	Node	*id* *name* *image*
Artifact	*ident* *name* *type*	Node	*id* *name* *image*
Activity	*ident* *name* *type*	Node	*id* *name* *image*
Activity	*if produces*	Edge	*text* = *'produces', source*
Activity	*if requires*	Edge	*text* = *'requires', target*

IBILBIDEAK

Artifact	*/img/ artifact.png*
Event	*/img/flowobject/event/Start.png* */img/flowobject/event/Intermediate.png* */img/flowobject/event/End.png*
Gateway	*/img/flowobject/gateway/Parallel.png* */img/flowobject/gateway/Sincro.png* */img/flowobject/gateway/Exclusive.png*
Activity	*/img/flowobject/activity/Task.png* */img/flowobject/activity/Process.png* */img/flowobject/activity/Transaction.png*

2.11 Wiki and Graph diagrams

Bitez **Wiki** eta **Graph** metaereduak, non beraien diagramak ondorengo irudietan erakusten diren.

Wiki metaereduak wiki bat errepresentatzen du, artikuluak modu kolaboratiboan, elkarren artean, idazteko ingurunea dena. Wiki batean hainbat erabiltzailek (*User*) beren artikuluak idatz ditzakete. Wiki batek hainbat errebisio edo berrikuspen eduki dezake, berrikuspen (*Revision*) bakoitzak artikulu (*WikiText*) baten egitura osoa deskribatzen du. Artikulua (*WikiText*) era hierarkikoan antolaturiko hainbat sekzioz (*Section*) osatzen da, eta gainera hainbat eranskinez (*Annex*). Sekzioek titulua eta testuez (*Text*) gain, azpisekzioak eduki ditzakete, eta hauek, era berean, azpi-azpisekzioak, etab. Erlazio hierarkiko hori *subsec* asoziazioaren eta *level* atributuaren bitartez deskribatuta dago.

Graph metaereduak grafoak errepresentatzen ditu. Grafoak nodo (*Node*) eta ertzez (*Edge*) osatzen dira. Ertzak jatorrizko nodo (*source*) bat helmuga nodo (*target*) batekin lotzen du.

Wiki (MM1)

Graph (MM2)

Wiki eredu baten adibidea:

- platform:/resource/metaereduak/model/articleswiki.xmi
  - Wiki AboutEMF
    - User John Smith
    - Revision 2016-03-23
      - Wiki Text Definition of Ecore
        - Section Main metaclasses
          - Text The main metaclasses are described
          - Text and their attributes
          - Section Specializations
            - Text Specializations between metaclasses are described ..
            - Text The advantages are explained
            - Section Shared
              - Text This type of specializations is one that ...
              - Section Blackbox
              - Section Whitebox
        - Section Main relationships
          - Text Aggregations and references ...
        - Annex Full Diagram
    - Revision 2016-07-30
      - Wiki Text Definition of Ecore v.2
        - Section Main metaclasses v.2
    - Revision 2016-10-12
      - Wiki Text Main classes v.3
        - Annex Full Diagram v.2
        - Annex Reference List

Adibideko wiki-ari dagokion grafoa:

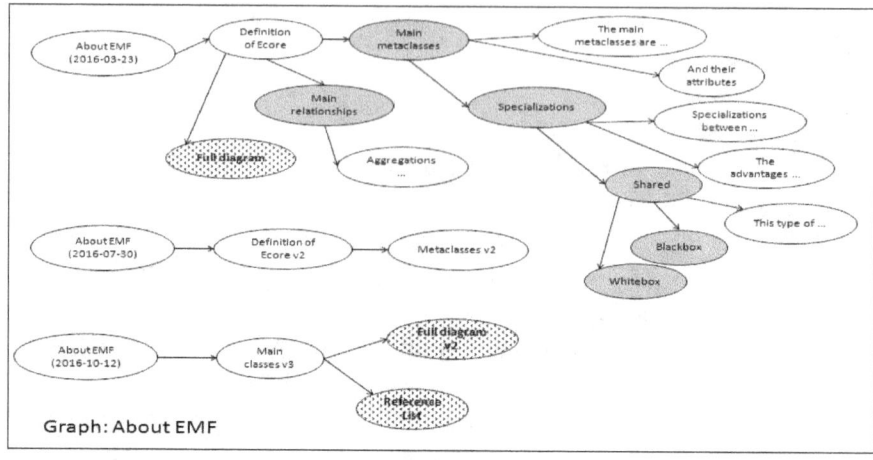

2.11.1 Helper *getTextWithAnnex()*

Helper funtzio bat eraiki, *getTextWithAnnex()* izenekoa eta testuinguru gabekoa, gutxienez eranskin bat (*Annex*) daukaten artikuluak (*WikiText*) lortuko dituena.

2.11.2 Helper *getSubsections()*

Helper funtzio bat eraiki, *getSubsections()* izenekoa eta testuinguruduna, sekzio (*Section*) bat emanik, bertan txertatuta dauden sekzio (*Section*) guztien bilduma lortuko duena, zein mailatan dauden kontuan hartu gabe. Adibideko ereduarekin, *"Main metaclasses"* sekzioarentzat honako bilduma lortuko litzateke: {*section:Specializations*, *section:Shared*, *section:Blackbox*, *section:Whitebox*}, eta *"Main relationships"* sekzioarentzat, berriz, { }. **Oharra**: funtzioa errekurtsiboa izan liteke.

2.11.3 Transformation *Wiki2Graph*

Wiki ereduak *Graph*-era pasatuko dituen eraldaketa programatu, beheragoko taulan laburbiltzen den eta ondoren definitzen den mapeatzearekin bat etorriz (*wiki* eredu baten adibidea ere ematen da, baita berari dagokion grafoa ere (sinplifikatuta eta modu grafikoan)). *Wiki* egitura bat grafo baten bitartez errepresenta daiteke. Diagramako elementu bakoitza (*Revision*, *WikiText*, etab.) nodo banaren bitartez

© A. Irastorza Goñi & T. A. Pérez Fernández

errepresentatzen da, eta elementuen arteko agregazioak ertzen bitartez errepresentatzen dira; ertz horien jatorria eta helmuga elementu kontenedorea eta barneko osagaia den elementua dira, hurrenez hurren. Adibidez, adibideko ereduarekin, *"Main metaclasses"* sekzioarentzat nodo bat (*"Main metaclasses"* izenekoa) eta ertz bat (*"to->Main metaclasses"* izenekoa) sortuko dira. Ertz horren helburua *"Main metaclasses"*-entzat sortutako nodoa izango da, eta jatorria *"Definition of Ecore"* izeneko *WikiText*-a errepresentatzen duen nodoa.

Oharra1: Ertzak sortzeko orduan, <u>helburu nodoaren ikuspuntua</u> erabiltzea komeni da, ez jatorriarena, azken horrek inplementazioa asko zailtzen duelako.

Oharra2: inplementazioan <u>EZ da *Graph*-en *edges* atributua</u> kontuak hartuko.

Source			*Target*
Wiki		**Graph**	
Wiki	*name* *rv*	Graph	*name* *nodes, ~~edges~~*
Revision	*date*	Node	*name* (composed of wiki *name* and revision *date*)
WikiText	*title* *rv*	Node	*name*
		Edge	*text, source, target*
Section	*title* *wt*	Node	*name*
		Edge	*text, source, target*
Text	*text* *sc*	Node	*name*
		Edge	*text, source, target*
Annex	*text*	Node	*name*
		Edge	*text, source, target*

2.12 Books (2)

Bitez *BooksThree* eta *BooksThree* metaereduak, non beraien diagramak ondorengo irudietan erakusten diren.

BooksTwo-k liburuen eta entziklopedien katalogoa deskribatzen du. Liburuak, hauek osatzen dituzten kapituluekin batera. Entziklopediak hainbat bolumenekin, eta hauek era berean hainbat sekzioz osatuta.

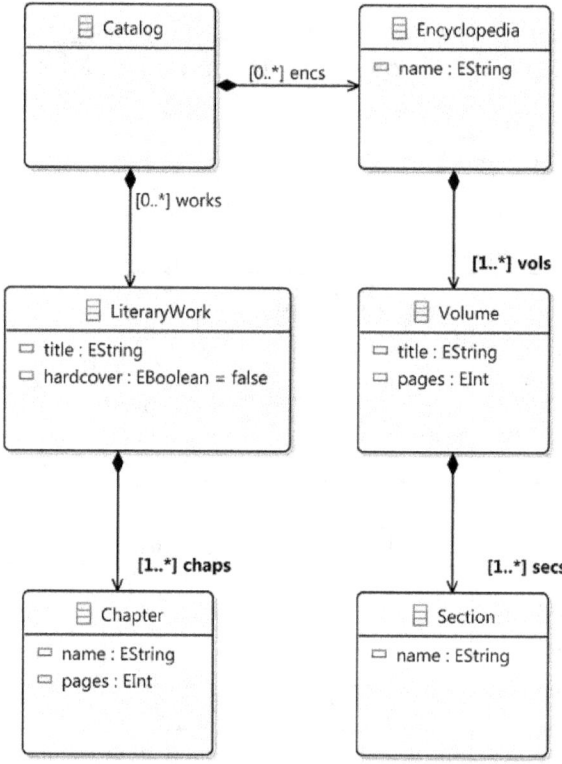

BooksTwo (MM1)

BooksThree ere argitalpenen katalogoa da (liburu eta entziklopediena), argitalpenak beren kapituluekin, baina liburuek azal gogorra (*hardcover*) dutenentz kontuan hartzen da

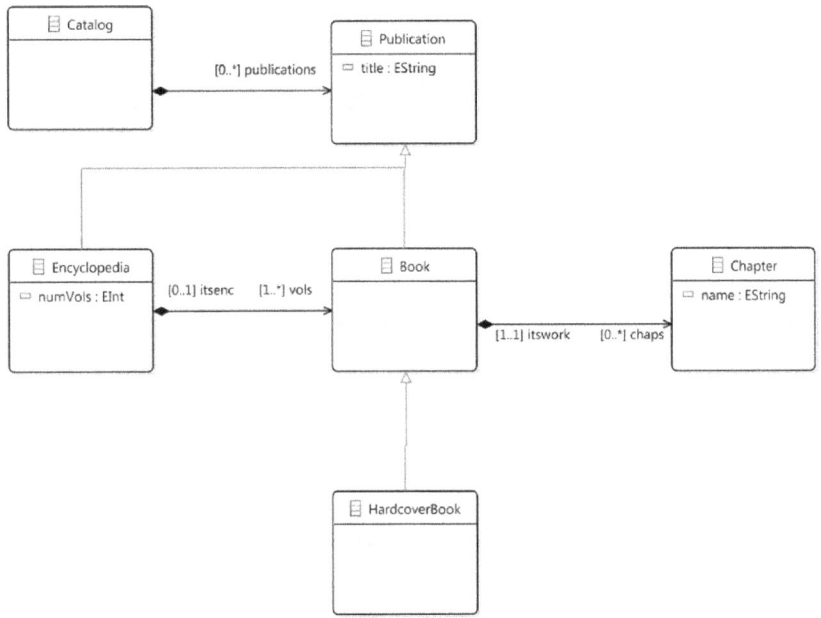

BooksThree (MM2)

2.12.1 Helper *numberOfPages()*

Helper funtzio bat eraiki, *numberOfPages()* izenekoa eta testuinguruduna, literatura lan (*LiteraryWork*) bat emanik, honen orrialde kopurua lortuko duena (balio hori lana osatzen duten kapitulu (*Chapter*) guztien orrialdeen batura da).

2.12.2 Helper *pagesOfItsBook()*

Helper funtzio bat eraiki, *pagesOfItsBook()* izenekoa eta testuinguruduna, kapitulu (*Chapter*) bat emanik, bere lanaren orrialde kopurua lortuko duena. Beharrezkoa baduzu, aurreko *helper* funtzioak erabil ditzakezu.

2.12.3 Helper *pagesOfItsVolume()*

Helper funtzio bat eraiki, *pagesOfItsVolume()* izenekoa eta testuinguruduna, sekzio (*Section*) bat emanik, bere bolumenaren orrialde kopurua lortuko duena. Beharrezkoa baduzu, aurreko *helper* funtzioak erabil ditzakezu.

2.12.4 Helper *getAllPublications()*

Helper funtzio bat eraiki, *getAllPublications()* izenekoa eta testuinguru gabea, bilduma (adibidez, *Sequence(OclAny)*) lortuko duena, eta bilduma horretan katalogoko literatura lan guztiak eta entziklopedien bolumen guztiak egongo dira, bi kasuetan berenWiki and Graph diagrams

2.12.5 Helper *longerBooks()*

Helper funtzio bat eraiki, *longerBooks()* izenekoa eta testuinguruduna, liburu (*Book*) bat emanik, liburu horrek baino kapitulu gehiago dituzten liburuen tituluen bilduma lortuko duena.

2.12.6 Helper *titleInEncyclopedia()*

Helper funtzio bat eraiki, *titleInEncyclopedia()* izenekoa eta testuinguru gabea, bi titulu emanik (bat entziklopedia batena eta bestea liburu batena), aipaturiko entziklopediak proposaturiko tituluarekin bolumenik ba ote daukan adieraziko duena.

2.12.7 Transformation *BooksTwo2BooksThree*

BooksTwo metaereduarekin bat datozen ereduak *BooksThree* metaereduarekin bat datozen ereduetara pasatuko dituen eraldaketa inplementatu da, beheragoko taulan laburbiltzen den eta ondoren azaltzen den mapeatzearekin bat etorriz. Eraldaketaren erregelak aztertu eta osatu, beharrezkoa dena gehituz/ezabatuz/aldatuz. Beharrezkoa baduzu, aurreko ariketatan sortutako *helper* funtzioak erabil ditzakezu, edo berriak definitu ere.

BooksTwo-ko katalogotik literatura lanak (*LiteraryWork*) eta bolumenak (*Volume*) eraldatzen dira, 100 orrialde baino gehiago dutenean betiere. Katalogoa katalogoan eraldatzen da. Literatura lanak (*LiteraryWork*) azal biguneko liburuetan (*Book*) edo azal gogorrekotan (*HardCoverBook*), azal motaren arabera (*hardcover* atributua). Entziklopediak *BooksThree*-n ere entziklopediak dira, baina aurreko baldintza betetzen duten bolumenekin osatuta bakarrik. Baldintza betetzen duen literatura lan/bolumen bakoitza bere kapitulu/sekzioekin batera eraldatzen da.

Source		*Target*	
BookTwo		**BookThree**	
Catalog	*encs, works*	Catalog	*publications*
Literary Work	*title, hardcover,chaps*	Book HardcoverBook	*title*
Encyclopedia	*name, vols*	Encyclopedia	*title, numVols, vols*
Chapter	*name*	Chapter	*name*
Section	*title*	Chapter	*name*
Volume	*title, secs*	HardcoverBook	*title*

```
-- @path MM1=/Books/metamodels/BooksTwo.ecore
-- @path MM2=/Books/metamodels/BooksThree.ecore

module booksTwo2bookThree;
create OUT : MM2 from IN : MM1;

rule catalog2catalog {
  from s : MM1!Catalog
  to   t : MM2!Catalog ( publications <- s.works )
}

rule literaryW2book {
  from s : MM1!LiteraryWork
  to   t : MM2!Book ( chaps <- s.chaps, title <- s.title )
}

rule encyclopedia2encyclopedia {
  from s : MM1!Encyclopedia
  to   t : MM2!Encyclopedia ( title <- s.name, numVols <-
s.vols->size(), vols<-s.vols )
}

rule chapter2chapter {
  from s : MM1!Chapter
  to   t : MM2!Chapter ( name <- s.name )
}

rule section2chapter {
  from s : MM1!Section
  to   t : MM2!Chapter ( name <- s.name )
}

rule volume2book {
  from s : MM1!Volume
  to   t : MM2!HardcoverBook ( title <- s.title, chaps <- s.secs
)
}
```

2.12.8 Transformation *BooksThree2BooksTwo*

BooksThree metaereduarekin bat datozen ereduak *BooksTwo* metaereduarekin bat datozen ereduetara pasatuko dituen eraldaketa inplementatu da, beheragoko taulan laburbiltzen den eta ondoren azaltzen den mapeatzearekin bat etorriz. Eraldaketaren erregelak aztertu eta osatu, beharrezkoa dena gehituz/ezabatuz/aldatuz. Beharrezkoa baduzu, aurreko ariketatan sortutako *helper* funtzioak erabil ditzakezu, edo berriak definitu edo inplementazioan erazagutzen direnak ere.

BooksThree-ko katalogotik *BooksTwo*-ko katalogoa lortu behar da. Katalogo berrian lehenengoaren argitalpenak agertuko dira, <u>liburuen kasuan 100 orrialde baino gehiago duten bitartean betiere</u>. Entziklopediak (*Encyclopedia*) entziklopediatan bihurtzen dira. Entziklopediako bolumenak (*Volume*) entziklopediei loturiko liburuak dira, eta denek azal gogorra (*hardcover*) dute. Gainontzeko liburuek azal biguna dute eta lan literarioan (*LiteraryWork*) eraldatzen dira. Baldintza betetzen duen liburu bakoitza dagozkion kapitulu/atalekin eraldatzen da.

Source		Target	
BookThree		**BookTwo**	
Catalog	*publications*	· Catalog	*encs, works*
HardcoverBook	*title*	Volume	*title, pages, secs*
Book	*title*	Literary Work	*title, hardcover, chaps*
Encyclopedia	*title, numVols, vols*	Encyclopedia	*name, vols*
Chapter	*name*	Chapter	*name, pages*
Chapter	*name*	Section	*title*

```
-- @path MM1=/Books/metamodels/BooksThree.ecore
-- @path MM2=/Books/metamodels/BooksTwo.ecore
module booksThree2bookTwo;
create OUT : MM2 from IN : MM1;

rule catalog2catalog {
  from s : MM1!Catalog
  to   t : MM2!Catalog (

)
}

rule book2literary {
  from s : MM1!Book
  to   t : MM2!LiteraryWork (

)
}

rule encyclopedia2encyclopedia {
  from s : MM1!Encyclopedia
  to   t : MM2!Encyclopedia (

)
}

rule chapter2chapter {
  from s : MM1!Chapter
  to   t : MM2!Chapter (

)
}

rule chapter2section {
  from s : MM1!Chapter
  to   t : MM2!Section (

)
}
```

3. DSL

3.1 Concrete Syntax Grammar for Products and Providers

Domeinu-bereziko lengoaia (DSL) baten sintaxi zehatza adierazteko gramatika bat idatz ezazu. Domeinua hornitzaileen eta produktuen ingurukoa da (ikus irudia). Domeinu horretan hornitzaile (*supplier*) batek produktuak (*product*) modu esklusiboan banatzen ditu. Banatutako produktuak paketatuta (*packaged*) nahiz botilaratuta (*bottled*) datoz. Banaketa esklusiboan izateak esan nahi du ez dagoela beste hornitzailerik produktu berdina banatzen duenik. Hainbat (0 edo gehiago) produktu-hornitzaile egon daitezkeela kontuan hartu behar du gramatikak.

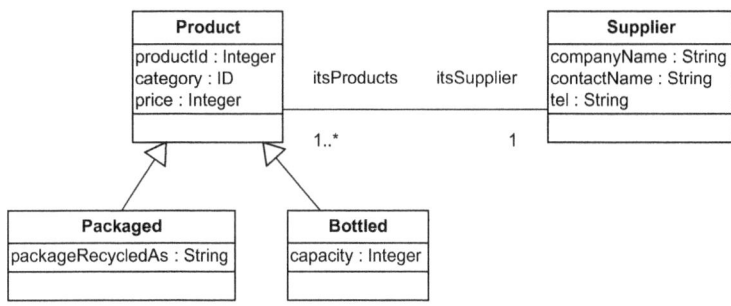

3.2   Concrete Syntax Grammar for Watches and Clients

Erlojuen eta bezeroen domeinua erabiliz (ikus irudia), domeinu bereziko lengoaia (DSL) baten sintaxi zehatza adierazteko gramatika bat eraiki.

Domeinu honetako sistemek erlojuak dauzkate. Erlojuak hainbat parametroren bitartez deskribatuta daude: identifikaziorako kode (*code*) bat, esferaren diseinua eta tamaina (*face-design* eta *face-size*, hurrenez hurren), uhalaren (*strap*) luzera (*length*), materiala eta errefortzu kopurua (*reinforcement*), eta bere jabea. Jabeak bezeroak dira, kodea, izena, erregistro-data eta ekintza-test baten bitartez deskribatzen direnak. Test horiek honako datuak biltegiratzen dituzte: bezeroak burutzen dituen lan-mota eta kirol-mota, ekintza bakoitzari eskaintzen dion ordu-kopurua, eta testa zein datatan egin edo bete zen.

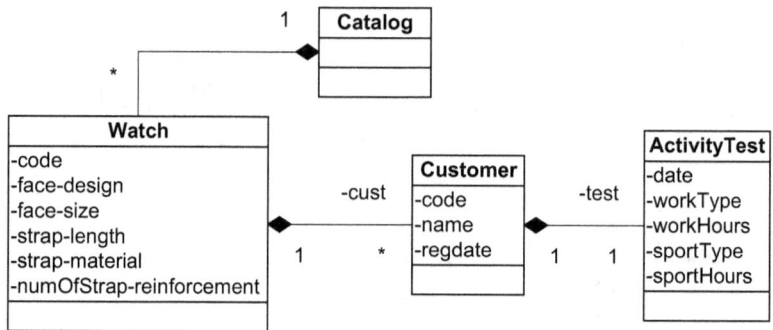

3.3 Concrete Syntax Grammar for Libraries

Liburutegien domeinua erabiliz (ikus irudia), domeinu bereziko lengoaia (DSL) baten sintaxi zehatza adierazteko gramatika bat eraiki.

Domeinu honetako liburutegiek entziklopediak, liburuak eta cd-ak bakarrik eduki ditzakete. Besteetatik ez egotea gerta daitekeen arren, gutxien-gutxienez liburu bat edukiko dute. Entziklopediak liburuen bildumak dira (gutxienez bat edukiko dute), eta liburutegian inolako bildumatan sarturik ez dauden liburuak egon daitezke. Berdin gertatzen da cd-ekin, liburu batek hainbat cd eduki ditzake (ikasketarako material lagungarri gisa, esaterako), baina liburutegian cd batzuk egon daitezke inolako libururi lotuta ez daudenak (adibidez, musika edo bideoak dituztenak). Entziklopedia bati lotutako liburuak berarekin integratuta doaz (berdin gertatzen da liburu bati lotutako cd-ekin). Kontzeptu bakoitzaren deskribatzaileak honako metaereduan espezifikatzen dira.

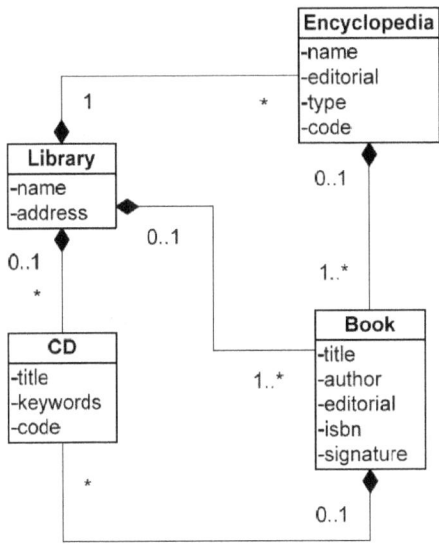

3.4   Genealogies

3.4.1   Concrete Syntax Grammar for Genealogies

Bedi *Genealogies*, zuhaitz genealogikoen zerrenda adierazteko. Ondorengo irudia emanik, *Genealogies*-en sintaxi abstraktua errepresentatzen duena, *xText*-eko gramatika bat eraiki, sintaxi abstraktu horri dagokion sintaxi zehatza errepresentatzeko.

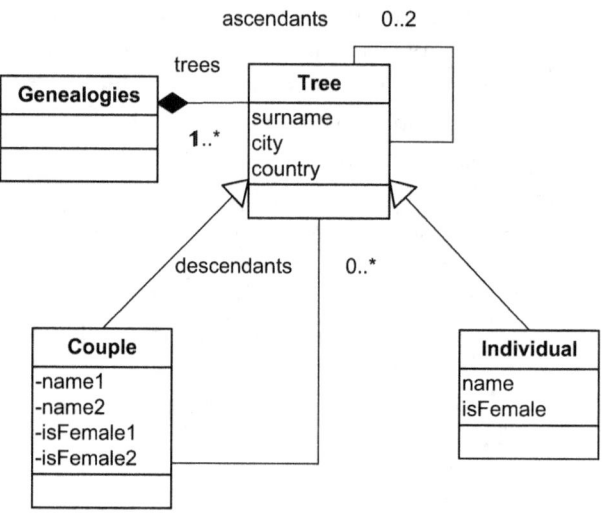

Genealogies metaereduak zuhaitz genealogikoen (*trees*) zerrenda errepresentatzen du. Zuhaitzen erroak (*roots*) pertsona ezkongabeak (*Individual*) edo bikoteak (*Couple*) dira, zehazki, beren arbasoen inguruko daturik ez daukatenak. Zuhaitzaren hostoak pertsona ezkongabeak izango dira edo bestela seme-alabarik gabeko bikoteak. Zuhaitzeko (*Tree*) nodo guztiek abizena (*surname*) izango dute, eta baita hiria (*city*) eta herrialdea (*country*), non dauden sustraituta adierazten dutenak. Zuhaitzeko nodo bakoitzak bere arbasoekin erlazioa du (*ascendants*, zero, bikote bat, edo bi bikote), baita bere ondorengokoekin (*descendants*, bikoteak nahiz pertsona ezkongabeak izan daitezke).

Pertsona ezkongabeek (*Individual*) izen (*name*) bat daukate, eta balio boolear bat, emakumea denentz (*isFemale*) adierazten duena. Bikoteak

(*Couple*) ere beren ponteko izenekin deskribatzen dira (*name1* eta *name2*). Sexua *isFemale1* eta *isFemale2* atributu boolearren bidez adierazten da.

3.4.2 Generation of a List of Couples & Singles

xTend lengoaian inplementaturiko programa idatz ezazu, 3.4.1 ariketan definituriko gramatikarekin bat datorren adierazpena emanik, testu bat sor dezan, zehazki bikoteen (*Couple*) eta ezkongabeen (*Individual*) zerrenda habiaratua sor dezan. Zerrendan, zuzeneko arbasorik ez duten ezkongabeak (*Individual*) eta bikoteak (*Couple*), bakoitzak bere zerrenda dauka. Arbasoak dauzkaten ezkongabeak (*Individual*) eta bikoteak (*Couple*), bere zuzeneko arbasoaren zerrendan txertatzen dira. Zerrenda nagusi bakoitza '***' ikurrarekin hasten da, eta '( )' ikurren arabera mugatzen da. Bikote baten ondorengoak adierazteko, hauek '+' ikurrarekin banatzen dira, eta azpizerrenda '=>' ikurrarekin hasten da.

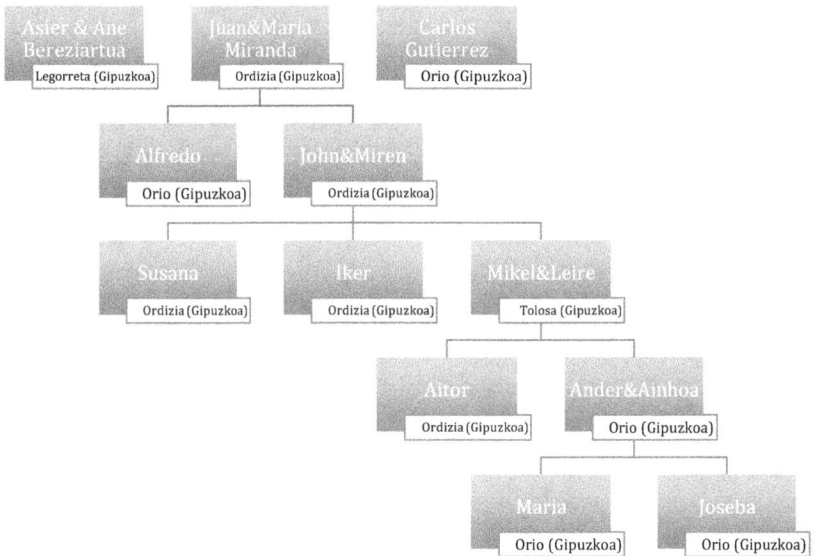

Ondoren, jarraian erakusten diren hiru zuhaitz genealogikoetarako sortu behar den zerrenda ematen da. Indentazioa testua irakurgarria izan dadin sartu dugu, ez da kode-sorreran kontuan hartu behar.

```
*** (miranda: juan & maria =>
        (miranda: alfredo)
     + (miranda: jon & miren =>
            (miranda: susana)
          + (miranda: iker)
          + (miranda: mikel & leire =>
                (miranda: aitor)
              + (miranda: ander & ainhoa =>
                    (miranda: maria)
                  + (miranda: joseba)
                )
            )
        )
     )
*** (bereziartua: asier & ane)
*** (gutierrez: carlos)
```

3.4.3   Generation of a List of Couples & Singles (with Clues)

Ariketa hau aurrekoaren berdina da, baina datu edo oinarri bezala *xText* gramatika bat ematen da, zuhaitz genealogikoen adierazpenak idatzi ahal izateko.   Gainera   3.4.2   ariketan   emandako   adibideari   dagokion adierazpena (aipatu gramatika horretan idatzia) ere adierazten da.

Oinarri bezala hartu beharreko gramatika:

```
Genealogies:
  trees+=TreeRule+;

TreeRule returns Tree:
  'Tree' name=ID elem=(Couple | Individual);

Couple:
  'Couple' surname=STRING '(' name1=STRING
(isfemale1?='woman')?
  '&' name2=STRING (isfemale2?='woman')? ')'
  'from' city=STRING '(' country=STRING ')'
  ('has descendants' descen+=[Tree]*)?
  ('direct ascendants' ascen+=[Tree]*)? ;
```

```
Individual:
  'Individual' surname=STRING '(' name=STRING
(isfemale?='woman')? ')'
  'from' city=STRING '(' country=STRING ')'
  ('direct ascendants' ascen+=[Tree]*)? ;
```

Aurreko gramatika erabiliz idatziriko adierazpena:

Tree bat **Couple**
      'miranda' ('jon' & 'miren' **woman**)
      from 'ordizia' ('gipuzkoa')
      has descendants sei lau
      direct ascendants bi
Tree bi **Couple** 'miranda' ('juan' & 'maria' **woman**)
      from 'ordizia' ('gipuzkoa')
      has descendants hamalau bat
Tree hiru **Individual** 'miranda' ('aitor')
      from 'ordizia' ('gipuzkoa')
      direct ascendants sei
Tree lau **Individual** 'miranda' ('susana' **woman**)
      from 'ordizia' ('gipuzkoa')
      direct ascendants bat
Tree bost **Couple** 'bereziartua' ('asier' & 'ane' **woman**)
      from 'legorreta' ('gipuzkoa')
Tree sei **Couple** 'miranda' ('mikel' & 'leire' **woman**)
      from 'tolosa' ('gipuzkoa')
      has descendants hiru zazpi
      direct ascendants bat
Tree zazpi **Couple** 'miranda' ('ander' & 'ainhoa' **woman**)
      from 'orio' ('gipuzkoa')
      has descendants hamahiru zortzi
      direct ascendants sei
Tree zortzi **Individual** 'miranda' ('joseba')
      from 'orio' ('gipuzkoa')
      direct ascendants zazpi
Tree bederatzi **Individual** 'miranda' ('iker')
      from 'ordizia' ('gipuzkoa')
      direct ascendants bat

Tree hamabi **Individual** 'gutierrez' ('carlos')
    from 'orio' ('gipuzkoa')
Tree hamahiru **Individual** 'miranda' ('maria' **woman**)
    from 'orio' ('gipuzkoa')
    direct ascendants zazpi
Tree hamalau **Individual** 'miranda' ('alfredo')
    from 'orio' ('gipuzkoa')
    direct ascendants bi

     © A. Irastorza Goñi & T. A. Pérez Fernández

3.5   Chess

Bedi **xake jokoa**ren domeinua. Domeinu horretan aurkarien arteko partidak errepresentatzeko hainbat notazio daude. Horietako bi hartuko ditugu (ikus ondorengo irudia): *notazio testuala* (ezkerrean) eta *notazio aljebraikoa* (eskuinean). Jarraian biak deskribatzen dira.

*Notazio testuale*an (ezkerra) aurkarien izenak sartzen dira, bakoitzak zein kolorerekin jokatzen duen adierazten da, eta baita partidaren mugimenduak ere. Adibidean Karpov eta Fischerren arteko partida dela adierazten da, eta hurrenez hurren pieza txuriekin eta beltzekin jokatzen dutela. Lehenengo mugimendua txuriena da beti, eta aldi bakoitzean pieza bakarra mugitzen da, txandaka, txuria/beltza; hortaz ez da mugitzen den piezaren kolorea adierazi beharrik. Taulako gelaxkak (8x8) lerroarekin eta zutabearekin adierazten dira (lerroak '1'-etik '8'-ra izendatzen dira, eta zutabeak 'a'-tik 'h'-ra). Adibideko lehen mugimenduan e2 (e zutabea, 2. lerroa) gelaxkako peoi txuria f4 (f zutabea, 4. lerroa) gelaxkara mugitu dela adierazten da. Laugarren mugimenduan f5 (f zutabea, 5. lerroa) gelaxkako peoi beltzak g7 (g zutabea, 7. lerroa) gelaxkako dorre txuria harrapatu duela adierazten da.

Textual notation	Algebraic notation
White: "Karpov"	White: Karpov
Black: "Fischer"	Black: Fischer
pawn at e2 moves to f4	Pe2f4
pawn at f7 moves to f5	Pf7f5
knight at b1 moves to c3	Nb1c3
pawn at f5 captures rook at g7	Pf5xg7
queen at d1 moves to h5	Qd1h5
pawn at b3 moves to c4	Pb3c4
knight at c3 captures pawn at c4	Nc3xc4

*Notazio aljebraikoa*k (eskuina) hizki bat erabiltzen du taulako piezak adierazteko, hizki hori hizkuntzaren arabera aldatzen da (ondorengo taulan piezen izenak eta koloreak sei hizkuntzatan adierazten dira). Mugimenduak hasierako eta bukaerako gelaxkak adieraziz idazten dira, mugitu beharreko piezari dagokion hizkiaren ondotik. Harrapaketak mugimenduak bezala adierazten dira, baina bi gelaxken artean 'x' jarriz

---

	English		Spanish		Basque		French		German		Italian
	White		Blancas		Txuriak		Blanches		Weiss		Biancas
	Black		Negras		Beltzak		Noires		Schwartz		Neras
K	King	R	Rey	E	Erregea	R	Roi	K	König	R	Re
Q	Queen	D	Dama	A	Anderea	D	Dame	D	Dame	D	Donna
B	Bishop	A	Alfil	G	Gudaria	F	Fou	L	Läufer	A	Alfiere
R	Rook	T	Torre	D	Dorrea	T	Tour	T	Turm	T	Torre
N	Knight	C	Caballo	Z	Zalduna	C	Cavalier	S	Springer	C	Cavallo
P	Pawn	P	Peón	P	Peoia	P	Pion	B	Bauer	P	Pedone

3.5.1   Concrete Syntax Grammar for Textual notation

xText-eko gramatika bat eraiki, xakearen notazio testualaren sintaxi zehatza errepresentatzeko.

3.5.2   Generate a game into algebraic notation

Programa bat eraiki, *xTend* lengoaian idatzita, 3.5.1 ariketako gramatikarekin bat datorren adierazpen bat emanda notazio aljebraikoan idatzitako adierazpen baliokidea sor dezan.

Ariketaren bertsio sinplifikatu moduan, xakearen notazio testuala errepresentatzeko honako gramatika erabil daiteke

```
Game:
    "White:" whitePlayer = STRING
    "Black:" blackPlayer = STRING
    (moves += Move)+;

Move:
    piece = PIECE 'at' source = SQUARE
    (captures ?= 'captures'
        capturedPiece = PIECE 'at' | 'moves to')
    dest = SQUARE;
terminal SQUARE:
    ('a'..'h')('1'..'8');
enum PIECE:
    pawn    = 'pawn'    | knight = 'knight' |
    bishop = 'bishop' | rook   = 'rook'    |
    queen  = 'queen'  | king   = 'king';
```

3.5.3   Generate a Game Translation Request for Other Languages

3.5.2 ariketan erakusten den gramatika aldatu, partidak errepresentatzeko adierazpenak itzulpen eskaeratan bihur daitezen, zehazki, ingelesezko notazio testualetik notazio aljebraikorako itzulpen eskaeratan (hizkuntz zehatz bateko notazio aljebraikora). Zehazkiago esanda, partidaren notazioa ez da aldatzen, baina lerro bat gehitzen da (adibidean markatuta ageri dena). Lerro horretan irteera zein hizkuntzatan nahi den adierazten da (Basque, English, French, German, Italian eta Spanish arteko bat)

Ondoren, aurreko ariketetan erabilitako adibide bera ageri da, gehitutako lerroarekin. Adierazpen hau gramatika berriarekin onartua izan beharko litzateke.

```
Translate into "Basque"
White: "Karpov"
Black: "Fischer"
pawn at e2 moves to f4
pawn at f7 moves to f5
knight at b1 moves to c3
pawn at f5 captures rook at g7
queen at d1 moves to h5
pawn at b3 moves to c4
knight at c3 captures pawn at c4
```
Textual notation

3.5.4   Generate a Game in a Specific Language

Ondoren, *xTend* lengoaian inplementaturiko programa dago. Honek, hasierako adibideko notazio testualean idatziriko adierazpena emanik, notazio aljebraikoko adierazpen baliokidea sortzen du, ingelesez idatzitako notazio aljebraikoa hain zuzen. Horretarako 3.5.3 ariketako gramatika erabiltzen du.

```
package es.ehu.chessdsl.generator
import org.eclipse.emf.ecore.resource.Resource
import org.eclipse.xtext.generator.IGenerator
import org.eclipse.xtext.generator.IFileSystemAccess
import es.ehu.chessdsl.chessDsl.Move
import es.ehu.chessdsl.chessDsl.Game
class ChessDslGenerator implements IGenerator {
  override void doGenerate(Resource resource,
IFileSystemAccess fsa) {
      fsa.generateFile('chess.txt', resource.process);
      }

    def Iterable<Move> getMoveList(Resource r) {
      return r.allContents.toList().filter(typeof(Move));
      }
```

```
def String getWhite(Resource r) {
  return r.allContents.toList().filter(typeof(Game))
     .head.whitePlayer;
  }

def String getBlack(Resource r) {
  return r.allContents.toList().filter(typeof(Game))
     .head.blackPlayer;
  }

def String getPieceLetter(Move m) {
  if (m.piece.toString() == 'king') return 'K';
  if (m.piece.toString() == 'queen') return 'Q';
  if (m.piece.toString() == 'knight') return 'N';
  if (m.piece.toString() == 'bishop') return 'B';
  if (m.piece.toString() == 'rook') return 'R';
  if (m.piece.toString() == 'pawn') return 'P';
  }

def process(Resource r) '''
  White: «r.getWhite»
  Black: «r.getBlack»
  «FOR m: r.getMoveList»
     «m.processmove»
  «ENDFOR»
  '''

def processmove(Move m) '''
  «IF m.captures ==
true»«m.getPieceLetter»«m.source»x«m.dest»
     «ELSE»«m.getPieceLetter»«m.source»«m.dest»«ENDIF»
  '''
}
```

xTend programa aldatu, notazio aljebraikoko adierazpenak sor ditzan baina zehazturiko hizkuntza erabiliz. Programa aldatu behar da, jokalarien koloreak eta piezen iniziala hizkuntzaren arabera idatz daitezen. Gainera, mugimenduen gelaxkak gidoi baten bitartez banatu behar ditu. Irudian erakusten da 3.5.3 ariketako partida nola itzuliko litzatekeen *Basque*-ra eta *German*-era.

Zuriak: Karpov	Weiss: Karpov
Beltzak: Fischer	Swartz: Fischer
Pe2-f4	Be2-f4
Pf7-f5	Bf7-f5
Zb1-c3	Sb1-c3
Pf5xg7	Bf5xg7
Ad1-h5	Dd1-h5
Pb3-c4	Bb3-c4
Zc3xc4	Sc3xc4
Basque	German

3.6 Political System

3.6.1 Concrete Syntax Grammar for Political System (1)

Bedi ondorengo irudia, *Party*-ren sintaxi abstraktua errepresentatzen duena. Alderdi politiko (*party*) batek hautagaitzak aurkezten dituen hirietako (*city*) politikari (*politician*) zerrendak errepresentatzen ditu. *xText*-eko gramatika bat eraiki, sintaxi abstraktu horri dagokion sintaxi zehatza errepresentatzeko.

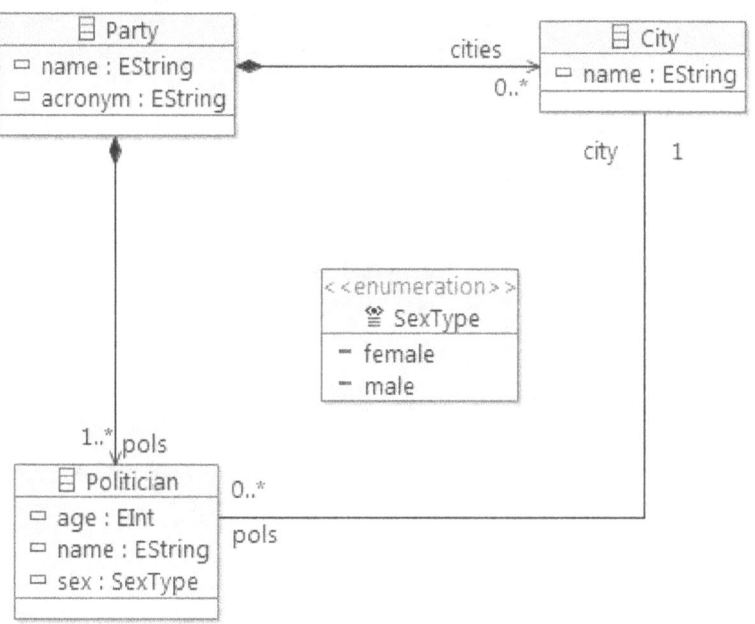

3.6.2 Generate Candidatures for Political System (1)

Programa bat eraiki, *xTend* lengoaian idatzita, 3.6.1 ariketako gramatikarekin bat datorren adierazpen bat emanda honako testua sortzeko: hiri bakoitzeko hautagaien zerrenda, (ahal den neurrian) adinaren arabera ordenatuta eta berdintasun irizpideak kontuan hartuz (*gizona-emakumea-gizona-emakumea*-... edo *emakumea-gizona-emakumea-gizona*-...). Ondorengo orrian DSL-arekin bat datorren adierazpen baten adibidea ematen da, baita bera erabiliz sortzen den kodea ere.

```
Party 'Democrat' {
    acronym DP
    cities {
      City 'Washington' {
        pols ('Hillary Clinton',
              'Amy Klobuchar',
              'Dennis Kucinich')
      },
      City 'New York' {
        pols ('Joe Biden',
              'Andrew Cuomo',
              'Kirsten Gillibrand')
      }
    }
    pols {
      Politician 'Hillary Clinton'
      {age 68 sex female city 'Washington'},
      Politician 'Amy Klobuchar'
      {age 55 sex female city 'Washington'},
      Politician 'Dennis Kucinich'
      {age 68 sex male city 'Washington'},
      Politician 'Joe Biden'
      {age 72 sex male city 'New York'},
      Politician 'Andrew Cuomo'
      {age 55 sex male city 'New York'},
      Politician 'Kirsten Gillibrand'
      {age 48 sex female city 'New York'}
    }
}
```

```
Party 'Republican' {
    acronym RP
    cities {
      City 'Seattle' {
        pols ('Ben Carson',
              'Carly Fiorina',
              'Mike Huckabee',
              'Kelly Ayotte',
              'Jeb Bush',
              'Lindsey Graham',
              'Brian Sandoval',
              'Susana Martinez') }
    }
```

```
pols {
  Politician 'Ben Carson'
  {age 63 sex male city 'Seattle'},
  Politician 'Carly Fiorina'
  {age 60 sex female city 'Seattle'},
  Politician 'Mike Huckabee'
  {age 59 sex male city 'Seattle'},
  Politician 'Kelly Ayotte'
  {age 46 sex female city 'Seattle'},
  Politician 'Jeb Bush'
  {age 62 sex male city 'Seattle'},
  Politician 'Lindsey Graham'
  {age 58 sex male city 'Seattle'},
  Politician 'Brian Sandoval'
  {age 51 sex male city 'Seattle'},
  Politician 'Susana Martinez'
  {age 55 sex female city 'Seattle'}
  }
}
```

Sortutako kodea (oharra: kontuan hartu lehen hautagaia erabakitzeko, bere sexuak hiri horretan eta alderdi politiko horretan gehiengoa den sexuarekin bat etorri behar duela. Hau da, gizona izango da gizonezkoak emakumezkoak baino gehiago badira, eta bestela, emakumea.

```
New York:
  Andrew Cuomo (57),
  Kirsten Gillibrand(48),
  Joe Biden (72)
Washington:
  Amy Klobuchar(55),
  Dennis Kucinich(68),
  Hillary Clinton(68)
Seattle:
  Brian Sandoval (51),
  Kelly Ayotte (46),
  Lindsey Graham (58),
  Carly Fiorina (60),
  Mike Huckabee (59)
```

3.6.3 Concrete Syntax Grammar for Political System (2)

Bedi ondorengo irudia, *PolCity*-ren sintaxi abstraktua errepresentatzen duena. Honek errepresentatzen ditu hiri (*city*) batean aurkezten diren alderdi politikoen (*party*) zerrenda (dagokion alderdiari atxikitutako politikarien (*politician*) zerrendarekin) eta politikari independenteen (*politician*) zerrenda ere. Politikarien artean kargu publikoa (*public office*) betetzen duten horiek bereizten dira. Bere politikarien artean alderdiaren presidentea zein den, esplizituki adierazten da ere. *xText*-eko gramatika bat eraiki, sintaxi abstraktu horri dagokion sintaxi zehatza errepresentatzeko.

Eraikitako gramatikarekin bat datorren adierazpena idatzi, adibide honekin: *Oslo*n, *Green Party (GP)* izeneko alderdiak 3 politikari ditu: *John* (34), *Mary* (45) eta *Larry* (23); *Red Party (RP)* delako alderiak beste 3: *Zack* (22), *Anne* (55) eta *Jill* (33); eta beste bi politikari independente: *Manuela* (66) eta *Alexis* (44). *Mary Green Party*-ko presidentea da, eta *Anne Red Party*koa. *John* eta *Anne Parliament of Norway* delako instituzioan kargu publikoak dira, eta *Alexis* berriz *Government of Norway* delakoarena.

3.6.4 Generate text for Political System (2)

Programa bat eraiki, *xTend* lengoaian idatzita, 3.6.3 ariketako gramatikarekin bat datorren adierazpen bat emanda honako testua sortzeko: hiri bakoitzeko politikarien zerrenda, adinaren eta alderdien arabera ordenatuta. Aurreko adibidean deskribaturiko adierazpenatik honako kodea sortu beharko da (zati bat erakusten da):

```
Oslo:
   Independents -> Alexis (44), Manuela (66)
   GP (Green Party) -> Larry (23), John (34), Mary (45)
   RP (Red Party) -> Zack (22), Jill (33), Anne (55)
```

3.7   Home Automation

3.7.1   Concrete Syntax Grammar for Home Automation

Bedi honako irudia, **automatizazio domotikorako sistema** baten DSL-aren sintaxi abstraktua adierazten duena. Etxebizitza (*Home*) bat modelatzen da, honek etxebizitza horretan egongo diren gailuen (*Device*) zerrenda bat dauka; gailu horietako bakoitzak hainbat egoera (*State*) eduki dezake. Gainera, etxebizitza horretan hainbat erregela (*Rule*) betearazten dira, bere gailuen portaera zehazten dutenak. Erregela bakoitzean gailu (*whenDevice*) baten egoera (*whenState*) batek beste gailu (*thenDevice*) baten beste egoera zehatz (*thenState*) bat eragiten duela adierazten da. **xText** erabiliz gramatika bat eraiki, sintaxi abstraktu horri dagokion sintaxi zehatza errepresentatzeko, zehazki, beheko adibidean agertzen den sintaxi zehatza. Erregelak eta gailuak beraien artean tartekatzeko aukera egotea eskatzen da, baina hori ebazteko zailtasunak aurkitzen badira, suposatu lehendabizi gailuak adierazten direla eta gero erregelak.

Honako adierazpenak *"1, Main Street"* kaleko etxebizitza bat modelatzen du, etxebizitza horrek bi gailu desberdin dauzka: Berogailua (*Heating*) eta Leihoa (*Window*). Berogailua piztuta (*on*) ala itzalduta (*off*) egon daiteke. Leihoa irekita (*open*) ala itxita (*closed*) egon daiteke. Etxebizitza honetan gailuen gaineko bi erregela inplementatutko dira. Bat honela izendatzen da 'berogailua itzali leihoa irekitzean' (*Switch off heating when the window is opened*) eta bere enuntziatua honakoa litzateke: *Leihoa irekitzen denean, berogailua itzali egiten da (automatikoki).* Bigarrena honela izendatzen da: 'leihoa itxi berogailua piztean' (*Close the window when heating is turned on*) eta bere enuntziatua honakoa litzateke: *Berogailua pizten denean, leihoa itxi egiten da (automatikoki).*

DSLarekin bat datorren adierazpena:

```
Home at '1, Main Street' :
Device Heating can be in (state ON
                          state OFF)
Device Window  can be in (state OPEN
                          state CLOSED)

Rule 'Switch off heating when the window is opened'
     when Window  becomes OPEN
             then Heating should be OFF
Rule 'Close the window when heating is turned on'
     when Heating becomes ON
             then Window should be CLOSED
```

3.7.2 Generate java code for Home Automation

Programa bat eraiki, *xTend* lengoaian idatzita, 3.7.1 ariketako gramatikarekin bat datorren adierazpen bat emanda java kodea sor dezan. Gramatika azpian ematen da. Sortu beharreko java fitxategi honek gailu bakoitzaren funtzionamendua inplementatuko du (oharra: berez, gailu bakoitzarengatik java fitxategi bana egon beharko litzateke, baina horietako bati dagokion *main* funtzioa egitearekin nahikoa da). Ondorengo orrian DSL-rekin bat datorren adierazpen baten adibidea ematen da, eta bere arabera sortutako kodea ere.

```
Model:
  'Home at' address=STRING ':' states+=State+
declarations+=Declaration*;

Declaration :
  Device | Rule;

Device :
  'Device' name=ID 'can' 'be' 'in' '(' states+=[State]* ')';

State :
  'state' name=ID;

Rule:
  'Rule' description=STRING
    'when' whenDevice=[Device] 'becomes' whenState=[State]
    'then' thenDevice=[Device] 'should be' thenState=[State];
```

DSLarekin bat datorren adierazpena:

```
Home at '1, Main Street' :
      state ON state OFF state OPEN state CLOSED

Device Heating can be in (ON OFF)
Device Window  can be in (OPEN CLOSED)

Rule 'Switch off heating when the window is opened'
      when Window  becomes OPEN then Heating should be OFF
Rule 'Close the window when heating is turned on'
      when Heating becomes ON then Window should be CLOSED
```

Automatikoki sortutako kodea (Oharra: *Heating.java* fitxategia soilik sartu dugu. *Window.java* fitxategia berdin-berdina da.

Heating.java

```java
public class Heating {
  public static void fire(String event) {

    //Devices
    if (event.equals("ON")) {
      System.out.println("Heating is now ON!"); }
    if (event.equals("OFF")) {
      System.out.println("Heating is now OFF!"); }
    if (event.equals("OPEN")) {
      System.out.println("Window is now OPEN!"); }
    if (event.equals("CLOSED")) {
      System.out.println("Window is now CLOSED!"); }

    //Rules
    if (event.equals("OPEN")) {fire("OFF"); }
    if (event.equals("ON")) {fire("CLOSED"); }
  }

  public static void main(String[] args) {
    try (java.util.Scanner scanner
            = new java.util.Scanner(System.in)) {
      System.out.println("Welcome home!");
      System.out.println("Available commands : ");
      System.out.println("   Heating ON" );
      System.out.println("   Heating OFF" );
      System.out.println("   Window OPEN" );
      System.out.println("   Window CLOSED" );
      System.out.println("Have fun!");
      while(true) {
        String command = scanner.next();
```

```
        //For Device Heating
        if (command.equalsIgnoreCase("Heating")) {
          String secondaryCommand = scanner.next();
          if (secondaryCommand.equalsIgnoreCase("ON")) {
            fire("ON"); }
          else
          if (secondaryCommand.equalsIgnoreCase("OFF")) {
            fire("OFF"); }
          else {
            System.out.println("Heating can only have the
following states: ON,OFF");}
        }

        //For Device Window
        if (command.equalsIgnoreCase("Window")) {
          String secondaryCommand = scanner.next();
          if (secondaryCommand.equalsIgnoreCase("OPEN")) {
            fire("OPEN"); }
          else
           if (secondaryCommand.equalsIgnoreCase("CLOSED"))
            {fire("CLOSED"); }
          else {
            System.out.println("Window can only have the
following states: OPEN,CLOSED");}
        }
        if (command.equalsIgnoreCase("bye")) {
          System.out.println("Ciao!");
          break;
        }
      }
    }
  }
}
```

3.8 Blogs

3.8.1   Concrete Syntax Grammar for Blogs

Bedi honako irudia, **web-eko log (blog)** baten DSL-aren sintaxi abstraktua adierazten duena. Blog bat koaderno edo egunkari baten antzekoa da, non beren interesekoa den gai baten inguruan hainbat erabiltzailek (edo bakar batek) beren hausnarketak, iritziak, aholkuak, etab. idazten dituzten. Blog batek artikuluak (*post*) dauzka, beren titulua, edukia eta argitaratze datarekin. Blog batean erregistraturiko erabiltzaileak editatzaileak (*editor*) edo irakurleak (*reader*) dira, lehenengoek artikuluak (*post*) eta iruzkinak (*comment*) idatzi edo editatzen dituzte, eta irakurleek iruzkinak (*comment*) bakarrik idatz ditzakete. Artikuluek (*post*) hainbat iruzkin eduki ditzakete, eta iruzkin (*comment*) bakoitzak ere beste hainbat iruzkin asoziaturik eduki ditzake. *xText* erabiliz gramatika bat eraiki, sintaxi abstraktu horri dagokion sintaxi zehatza errepresentatzeko, zehazki, beheko adibidean agertzen den sintaxi zehatza.

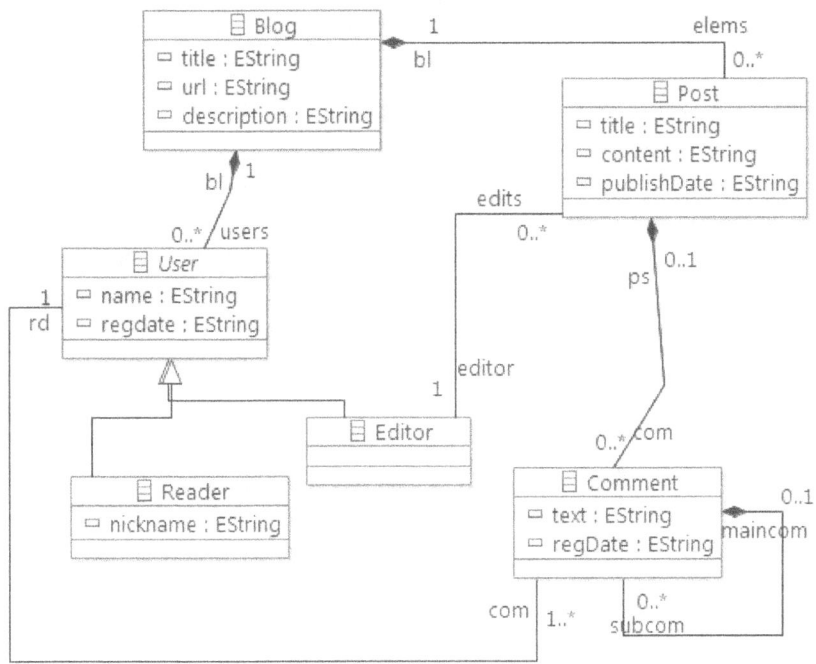

Honako adierazpenak blog bat modelatzen du, editatzaile diren bi erabiltzaile eta bi irakurle dauzkana. Hiru artikulu (*post*) ditu: lehenengoak bi iruzkin ditu, hirugarrenak bat ere ez, eta bigarrenak lau iruzkin ditu, eta horietako batek beste iruzkin batzuk asoziaturik dauzka.

<u>Oharra</u>: Hirugarren artikuluak (*post*) ez du iruzkinik, beraz *'comments'* etiketa (bere egiturarekin) ez da adierazpenean agertzen.

DSLarekin bat datorren adierazpena:

```
blog {
  title: 'easy dessert recipes'
  users : [
    {name: 'john' regDate: '2013-03-01'}
    {name: 'mary' regDate: '2013-03-01'}
    {name: 'peter' regDate: '2013-08-31' nickname: 'pete'}
    {name: 'anne' regDate: '2014-01-12' nickname: 'ania'}
  ]
  posts : [
    {title: 'apple strudel'
     content: 'ingredients: flour, apple, ...'
     date: '2013-03-05'
     editor: john
     comments:  [ { content: 'Awesome! ...'
             writer: peter
                comDate: '2013-03-06' }
              { content: 'I need help ...'
                writer: anne
                comDate: '2014-01-22' }
           ]
    }
    {title: 'cheese cake'
     content: 'ingredients: sugar, cheese, ...'
     date: '2013-12-15'
     editor: mary
     comments:  [ { content: 'A doubt  ...'
                writer: peter
                comDate: '2014-01-26' }
              { content: 'I like it ...'
                writer: anne
                comDate: '2014-02-12' }
              { content: 'I have another ...'
                writer: peter
                comDate: '2014-03-10'
```

```
                    comments:   [ { content: 'It is easy ...'
                         writer: mary
                              comDate: '2013-03-11'
                              comments:   [ { content:
'But ...'
                                      writer: peter
                                       comDate: '2013-04-
11' } ]
                              }
                              { content: 'You can try...'
                                writer: john
                                comDate: '2013-03-12' }
                              ]
                    }
                    { content: 'If you want ...'
                       writer: john
                       comDate: '2014-12-10' }
                 ]
        }
      {title: 'plum cake'
       content: 'ingredients: sugar, flour, ...'
       date: '2013-10-15'
       editor: john
       }
     ]
}
```

3.8.2   Generate xml code for Blogs

Programa bat eraiki, *xTend* lengoaian idatzita, 3.8.1 ariketako gramatikarekin bat datorren adierazpen bat emanda xml kodea sor dezan. Gramatika azpian ematen da.

Ondorengo orrietan DSL-rekin bat datorren adierazpen baten adibidea ematen da, eta bere arabera sortutako kodea ere.

Oharra: kontuan hartu sortutako xml kodean hasierakoak diren (hots, zuzenean artikuluekin erlazionatutako) iruzkinak bakarrik agertu behar direla.

```
Model:
  'blog' '{'
  'title' ':' name=STRING
  ('users' ':' '[' users += User+ ']')?
  ('posts' ':' '[' posts += Post+ ']')?
  '}';

User:
  Editor | Reader;

Editor:
  '{'
    'name' ':' name = STRING
    'regDate' ':'  regDate = STRING
  '}' ;

Reader:
  '{'
    'name' ':' name = STRING
    'regDate' ':'  regDate = STRING
    'nickname' ':' nick = STRING
  '}' ;

Post:
  '{'
    'title' ':' name = STRING
    'content' ':' content = STRING
    'date' ':'  date = STRING
    'editor' ':' editor = [Editor]
    ('comments' ':' '[' comments += Comment+ ']')?
  '}' ;

Comment:
  '{'
    'content' ':' content = STRING
    'writer' ':' writer = [User]
    'comDate' ':' regDate = STRING
    ('comments' ':' '[' subcom += Comment+ ']')?
  '}';
```

DSLarekin bat datorren adierazpena:

```
blog {
  title: 'easy dessert recipes'
  users : [
    {name: 'john' regDate: '2013-03-01'}
    {name: 'mary' regDate: '2013-03-01'}
    {name: 'peter' regDate: '2013-08-31' nickname: 'pete'}
    {name: 'anne' regDate: '2014-01-12' nickname: 'ania'}
  ]
  posts : [
    {title: 'apple strudel'
     content: 'ingredients: flour, apple, ...'
     date: '2013-03-05'
     editor: john
     comments:  [ { content: 'Awesome! ...'
             writer: peter
                comDate: '2013-03-06' }
              { content: 'I need help ...'
                writer: anne
                comDate: '2014-01-22' }
          ]
    }
    {title: 'cheese cake'
     content: 'ingredients: sugar, cheese, ...'
     date: '2013-12-15'
     editor: mary
     comments:  [ { content: 'A doubt  ...'
                writer: peter
                comDate: '2014-01-26' }
              { content: 'I like it ...'
                writer: anne
                comDate: '2014-02-12' }
              { content: 'I have another ...'
                writer: peter
                comDate: '2014-03-10'
                comments:  [ { content: 'It is easy ...'
                        writer: mary
                              comDate: '2013-03-11'
                              comments:    [  {   content:
'But ...'
                                        writer: peter
                                        comDate:    '2013-04-
11' } ]
```

```
                              }
                              { content: 'You can try...'
                                writer: john
                                comDate: '2013-03-12' }
                           ]
              }
              { content: 'If you want ...'
                writer: john
                comDate: '2014-12-10' }
           ]
      }
   {title: 'plum cake'
    content: 'ingredients: sugar, flour, ...'
    date: '2013-10-15'
    editor: john
    }
  ]
}
```

Aurreko adierazpenetik automatikoki sortutako kodea. blog.xml

```xml
<blog title="easy dessert recipes">
<post id="1" title="apple strudel">
    <text>ingredients: flour, apple, ...</text>
    <editor regdate="2013-03-01">john</editor>
    <comments>
      <comment>Awesome! ...</comment>
      <comment>I need help ...</comment>
    </comments>
</post>
<post id="2" title="cheese cake">
    <text>ingredients: sugar, cheese, ...</text>
    <editor regdate="2013-03-01">mary</editor>
    <comments>
      <comment>A doubt  ...</comment>
      <comment>I like it ...</comment>
      <comment>I have another ...</comment>
      <comment>If you want ...</comment>
    </comments>
</post>
<post id="3" title="plum cake">
    <text>ingredients: sugar, flour, ...</text>
    <editor regdate="2013-03-01">john</editor>
</post>
</blog>
```

3.9 BPMN

3.9.1 Concrete Syntax Grammar for BPMN

Bedi honako irudia, **BPMN prozesu sinplifikatu** baten DSL-aren sintaxi abstraktua adierazten duena. Prozesu (*Model*) bat modelatzen da, bere barruan dauden ekintza (*Activity*), bloke (*Block*) eta lotura-ate (*Gateway*) guztiak zerrendatuz. Gainera horiek zein ordenatan exekutatu behar diren ere adierazten da. Elementu konposatuek (bloke eta lotura-ate) beraien barnean dauden elementuei (ekintza, bloke edota lotura-ate) erreferentzia egin behar diete. Beraien arteko desberdintasun nabarmenena da, blokeetan, osagai diren elementuak sekuentzian egikaritzen direla, eta lotura-ateetan, berriz, elementuak paraleloan egikaritzen direla.

xText erabiliz gramatika bat eraiki, ondoko irudian erakutsitako sintaxi abstraktuari dagokion sintaxi zehatza irudikatzeko, zehazki, beheko adibidetan agertzen den sintaxi zehatza. Oinarrizko elementuen artean betetzen den ordena, adierazpenean zehazten da.

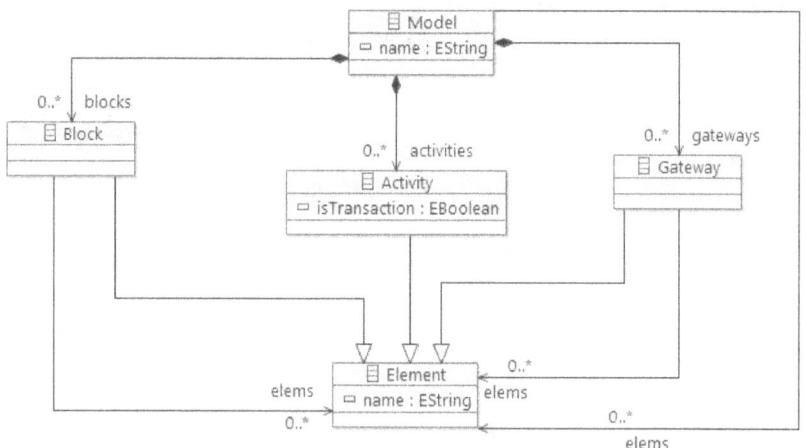

Ondorengo orrian bi adierazpen testual ematen dira, eta bakoitzaren aldamenean dagokion adierazpen grafikoa jarri da. Lehenengo adierazpenak honako BPMN prozesua modelatzen du: ekintza batekin (A01) hasten da, gero lotura-ate paraleloa (G01) dago, eta hemendik hiru blokeri hasiera ematen zaio (B02, B05 eta B06), aldi berean egikaritzen

---

© A. Irastorza Goñi & T. A. Pérez Fernández

direnak sinkronizazio puntura iritsi arte. Azkenik, A11 ekintzarekin bukatzen da. B05 eta B06 blokeek sekuentzian egikaritzen diren ekintzak besterik ez dituzte (A06, A07 eta A08; A09 eta A10, hurrenez hurren). B02 blokea A02 ekintzarekin hasten da, gero paraleloan egikaritzen diren bloke bat (B04) eta ekintza bat (A03) (G02 lotura-atea eta sinkronizazio puntu bat mugarri bezala dituztenak), eta bukatzeko A05 ekintza.

DSLarekin bat datorren adierazpena (1):

```
Activities:
    Activity A01
    Activity A02
    Activity A03
    Activity A04
    Activity A05
    Activity A06
    Activity A07
    Activity A08
    Activity A09
    Activity A10
    Activity A11
Blocks:
    Block B02 (A02 G02 A05)
    Block B04 (A04)
    Block B05 (A06 A07 A08)
    Block B06 (A09 A10)
```

```
Gateways:
   Parallel Gateway G01 (B02 B05 B06) Synchro
   Parallel Gateway G02 (A03 B04) Synchro
Diagram MyDiagram Start A01 G02 A11 End
```

Bigarren adierazpenean honako BPMN prozesua modelatzen da: A1 ekintza hasieran eta bukaeran burutzen da. Gero, lehen ekintzaren ondoren, A2 ekintza eta B1 blokea paraleloan egikaritzen dira. Azken horrek osagai bakarra dauka, ekintza bat (A3).

DSLarekin bat datorren adierazpena (2):

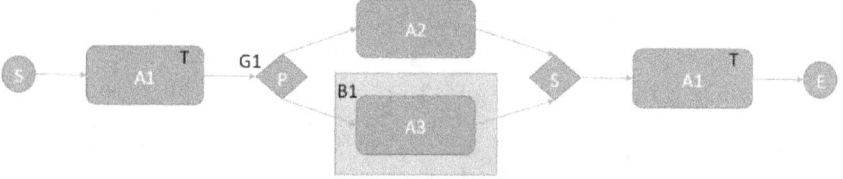

```
Activities:
   Activity A1 is a transaction
   Activity A2
   Activity A3
Blocks:
   Block B1 (A3)
Gateways:
   Parallel Gateway G1 (A2 B1) Synchro
Diagram Diagram02 Start A1 G1 A1 End
```

3.9.2   Generate java code for BPMN

Programa bat eraiki, *xTend* lengoaian idatzita, 3.9.1 ariketako gramatikarekin bat datorren adierazpen bat emanda hainbat java fitxategi dauzkan pakete bat sor dezan: (1) programa nagusia daukan eta diagrama bezala deitzen den fitxategi bat, (2) diagramako ekintza, bloke eta lotura-ate bakoitzeko java klase bat. Java pakete honek irudikatutako prozesuaren funtzionamendua inplementatzen du. Gramatika azpian ematen da.

Ondoren DSL-rekin bat datorren adierazpen baten adibidea ematen da, eta bere arabera sortutako kodea ere.

xText-ekin definituriko gramatika:

```
Model:
   {Model}
   'Activities:' activities += Activity*
   'Blocks: ' blocks += Block*
   'Gateways: ' gateways += Gateway*
   'Diagram' name=ID 'Start' elems += [Element]+ 'End';

Element:
   Activity|Block|Gateway;

Activity:
   'Activity' name=ID
   isTransaction?= 'is a transaction'?;

Block:
   'Block' name=ID
   '(' elems+=[Element]+ ')' ;

Gateway:
   'Parallel Gateway' name=ID '(' elems+=[Element]+ ')'
'Synchro';
```

DSLarekin bat datorren adierazpena (2):

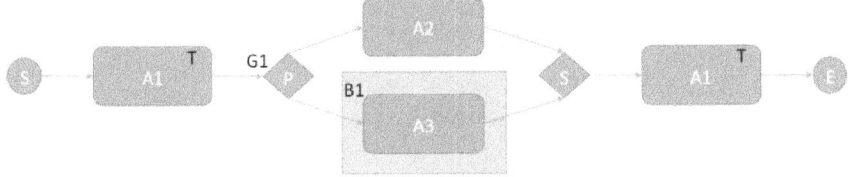

```
Activities:
   Activity A1 is a transaction
   Activity A2
   Activity A3
Blocks:
   Block B1 (A3)
Gateways:
   Parallel Gateway G1 (A2 B1) Synchro
Diagram Diagram02 Start A1 G1 A1 End
```

Automatikoki sortutako kodea (Oharra: main klasea eta ekintza, bloke eta lotura-ate bakarra sartzen dira.

Diagram02.java

```java
package bpmn.executor.diagram02;
public class Diagram02 {
    public static void main (String[] args) {
        System.out.println("Process Diagram02 Started");
        System.out.println("Thread started:::"
            +Thread.currentThread().getName());
        new A1().run();
        new G1().run();
        new A1().run();
        System.out.println("Thread ended:::"
            +Thread.currentThread().getName());
        System.out.println("Process Diagram02 Ended");
    }
}
```

A1.java *(A2.java A3.java-ren kodea berdin-berdina da, klaseen izena aldatuz)*

```java
class A1 implements Runnable{
    @Override  //substitute run method with the actual one
    public abstract void beginTransaction();  //Only if it is a transaction
    public abstract void endTransaction();   //Only if it is a transaction
    public abstract void abortTransaction();  //Only if it is a transaction
    public abstract void rollbackTransaction();  //Only if it is a trans
    public void run() {
        beginTransaction();
        System.out.println("Activity A1 Started");
        try {Thread.sleep(4000);
        } catch (InterruptedException e){
          e.printStackTrace();
          rollbackTransaction();}
          System.out.println("Activity A1 Ended");
          endTransaction();
    }
}
```

B1.java

```java
class B1 implements Runnable{
    @Override
    public void run() {
        System.out.println("Block B1 Started");
        System.out.println("Thread started:::"
            +Thread.currentThread().getName());
        new A3().run();
        System.out.println("Thread ended:::"
            +Thread.currentThread().getName());
        System.out.println("Block B1 Ended");
    } }
```

G1.java

```java
class G1 implements Runnable{
  @Override
  public void run() {
    System.out.println("Parallel gateway G1 creating threads");
    System.out.println("Thread started:::"
      +Thread.currentThread().getName());
    Thread h1 = new Thread(new A2(),"A2");
    Thread h2 = new Thread(new B1(),"B1");
    h1.start();
    h2.start();
    try {
      h1.join();
      h2.join();
    } catch (InterruptedException e) {
      e.printStackTrace(); }
      System.out.println("Thread ended:::"
          +Thread.currentThread().getName());
      System.out.println("Syncro gateway G1 Ended");
    }
}
```

3.10 Projects

3.10.1 Concrete Syntax Grammar for Projects

Bedi honako irudia, ***proiektuen ekintzak eta baliabideak***[8] deskribatzen dituen DSL-aren sintaxi abstraktua irudikatzen duena. Hainbat ekintza dituen proiektua modelatzen da, non ekintzak atazak (*task*) edo mugarriak (*milestone*) izan daitezkeen. Ekintzak izen batekin (*name*, identifikatzaile bat) eta izen osagarri batekin (*extname*, string bat) identifikatzen dira eta hainbat atributu dauzkate: *start, end, description, effort* eta *cost*. Azken atributu honek, *cost*, atazaren kostu ekonomikoa adierazten du, eta *cost*-ek duen balioa *costtyp* balioarekin hobeto zehazten da; horrela, azken horren balioa *perday* bada, eguneko kostua adierazten du, eta *atend* bada, ekintzaren bukaeran duen kostu osoari buruz ari da. Atazen eta mugarrien arteko desberdintasuna da azken horiek ez dutela iraupenik (*duration* atributua) esleituta, atazak beste atazen bitartez konposatuta egon daitezkeela eta atazek hainbat baliabide esleituta eduki dezaketela. Baliabideak (*resource*) *name* izeneko identifikatzaile bat eta izen osagarri bat (*extname*, string bat) ditu, eta bi atributu hautazko eta alternatibo (*rate* ala *efficiency*, tasa eta eraginkortasuna adierazten dutenak, hurrenez hurren).

xText erabiliz gramatika bat eraiki, ondoko irudian erakutsitako sintaxi abstraktuari dagokion sintaxi zehatza irudikatzeko, zehazki, beheko adibidean agertzen den sintaxi zehatza.

---

[8] Source:
http://taskjuggler.org/tj3/manual/Tutorial.html
http://taskjuggler.org/download/TaskJuggler-Workshop.pdf

© A. Irastorza Goñi & T. A. Pérez Fernández

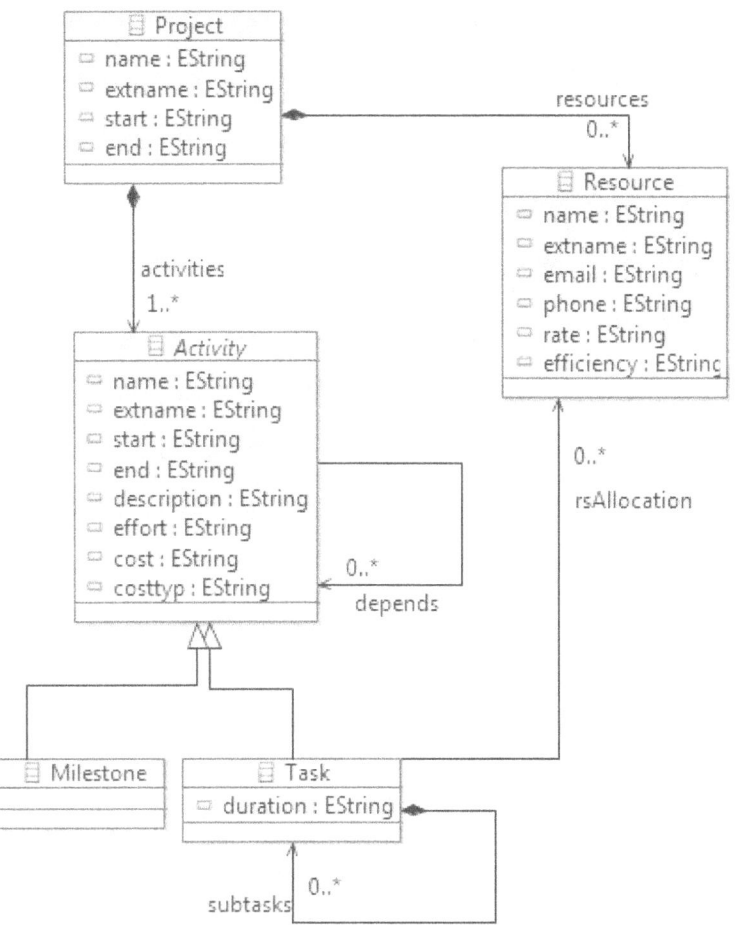

Ondorengo orrian DSL-arekin bat datorren adierazpen testual bat ematen da. Bi ataza (*software* eta *test*) eta hiru mugarri (*prstart, prev, beta*) dituen proiektua modelatzen du. Bigarren atazak, era berean, bi azpiataza ditu (*alpha, beta*). Atazen eta mugarrien artean mendekotasun batzuk daude, adibidez, *software* ataza *prstart* mugarriaren mendekoa da, edo *beta* mugarria *test* atazaren mendekoa da. Gainera, proiektuan 5 baliabide definitu dira, eta horietako batzuk atazei esleitu zaizkie.

DSLarekin bat datorren adierazpena:

```
project myProject 'My First Project'
  start '2005-11-01'
  end   '2006-03-31'


  task software 'Software Development' {
    start '2005-11-20'
    end '2006-02-15'
    description 'a description of ...'
    effort '6w'
    cost  '2000' perday
    duration '100d'
    depends prstart
    allocate  doc dev2 dev3
    // No subtasks
  }


  task test "Software testing" {
    start '2005-11-20'
    end '2006-02-15'
    description 'a description of ...'
    effort '4w'
    cost  '500' perday
    duration '100d'
    //No depends
    allocate testdoc
    // Subtask 1
    task alpha "Alpha Test" {
      start '2005-11-20'
      end  '2006-02-15'
      description 'Most bugs will be found and ...'
      effort '4w'
      cost  '500' perday
      duration '100d'
      depends software
      allocate testdoc dev2
```

```
   // No subtasks
}
 // Subtask 2
 task beta "Beta Test" {
   start '2005-01-20'
   end  '2006-02-15'
   description 'a description of ...'
   effort '4w'
   cost '500' perday
   duration '100d'
   depends alpha
 // No allocate
 // No subtasks
 } }
```

```
task prstart "Project start" milestone {
   start '2005-11-02'
   end  '2006-02-15'
   description 'a description of ...'
   effort '6w'
   cost '2100' attend
//No depends               }
```

```
task prev "Technology Preview" milestone {
   start '2006-01-01'
   end  '2006-02-15'
   description 'All major features should be usable.'
   effort '2w'
   cost '2000' attend
//No depends               }
```

```
task beta "Beta version" milestone {
   start '2006-01-21'
   end  '2006-02-15'
   description "Fully functional, may contain bugs."
   effort '10d'
```

```
    cost '13000' atend
    depends test              }
```

```
resource boss 'Paul Bullock' {
  email 'phb@softw.com'
  phone 'x100'
  rate '480'                 }
resource dev2 'John Bono' {
  email 'jbono@softw.com'
  phone '234'
  efficiency '480'
}
resource dev3 "Klaus Martin" {
  email 'kmartin@softw.com'
  phone '490'
  rate '300'                 }
resource testdoc "Peter Murphy" {
  email 'murphy@softw.com'
  phone '666'
  rate '310'
}

resource doc "Dim Sung" {
  email 'sung@softw.com'
  phone 'x482'
  rate '300'                 }
```

3.11 Message Internationalization

3.11.1 Concrete Syntax Grammar for internationalization of messages

Bedi honako irudia, *internazionala den Informazio Sistema baten mezuak* idazteko DSL-aren sintaxi abstraktua adierazten duena. Programa (*Model*) bat modelatzen da, identifikatzaile baten bitartez izendaten dena eta hainbat irteera-mezu (*Message*) dituena. Mezuetako bakoitza identifikatzaile bat du eta baliokide diren hainbat itzulpen (*Translation*), hainbat hizkuntzatan; esaterako, adibideko lehen adierazpenean, mezu-identifikatzaileak *switchOn*, *wrong* eta *wait* dira. Lokalizazio (*Locale*) informazioan, aukeran dauden guztien artean mezurako erabili behar den **hizkuntza** adierazten da (bestela, defektuzko hizkuntza), edo hizkuntza bezala, bere **aldaki** bat ere izan daiteke. Estandarizaziorako nazioarteko erakundeak bi dokumentu definitu ditu, balizko hizkuntza guztiak ezartzeko (ISO-639), eta herrialde guztiak (ISO-3166). Sinplifikatzearren, guk bost hizkuntza besterik ez dugu kontuan hartuko (beren kodea parentesi artean adierazten dugu): *alemana* (de), *espainiera* (es), *euskara* (eu), *frantsesa* (fr), *ingelesa* (en); zazpi herrialde: *Alemania* (DE), *Kanada* (CA), *Txile* (CH), *Espainia* (ES), *Estatu Batuak* (US), *Frantzia* (FR) eta *Britainia Handia* (GB); eta Espainiako eta Frantziako zenbait aldaki (*Spanish_Locale* eta *French_Locale*, hurrenez hurren).

Herrialdeetan, ikuspuntu politikotik beste azpibanaketa batzuk egin daitezke. Herrialde bakoitzak erabakitzen du azpiatal hauek nola izendatu. Adibidez, Espainian erkidego autonomikoak adieraz daitezke (hala nola, *País Vasco*-PV, *Navarra*-NC, *Castilla y León*-CL, *Cataluña*-CA...), edo probintziak (*Álava*-VI, *Bizkaia*-BI, *Gipuzkoa*-SS, *Navarra*-NA...). Frantzian eskualdeak hiru karakterekin errepresentatzen dira (*Aquitania*-NAQ, *Ile de France*-IDF...), eta probintziak zenbakiekin (*Landes*-40, *Pyrenées Atlantiques*-64, ...). Aldakiekin, Espainiarako eta Frantziarako aipatu ditugun horiek bakarrik kontuan hartuko ditugu. Guretzat *locale* baten izena identifikatzaile bat besterik ez da (adibidez, *en_US*, *en_CA*, *eu_ES* eta *eu_FR_64*), hizkuntza eta herrialdearen bitartez osatzen den arren, eta batzuetan aldaki bat ere (adibidez, *en_US* eta *en_CA* balioek *Estatu Batuetako ingelesa* eta *Kanadakoa* errepresentatzen dituzte, hurrenez hurren, eta *eu_ES_BI* eta *eu_FR_64* balioek *Bizkaiko* euskara eta *Iparraldeko*a adierazten dute, hurrenez hurren).

xText erabiliz gramatika bat eraiki, ondoko irudian erakutsitako sintaxi abstraktuari dagokion sintaxi zehatza irudikatzeko, eta beheko adibidetan agertzen den sintaxi zehatza zehazki betez. Oinarrizko elementuen artean betetzen den ordena, adierazpenean zehazten da. Ondoren bi adierazpen testual ematen dira

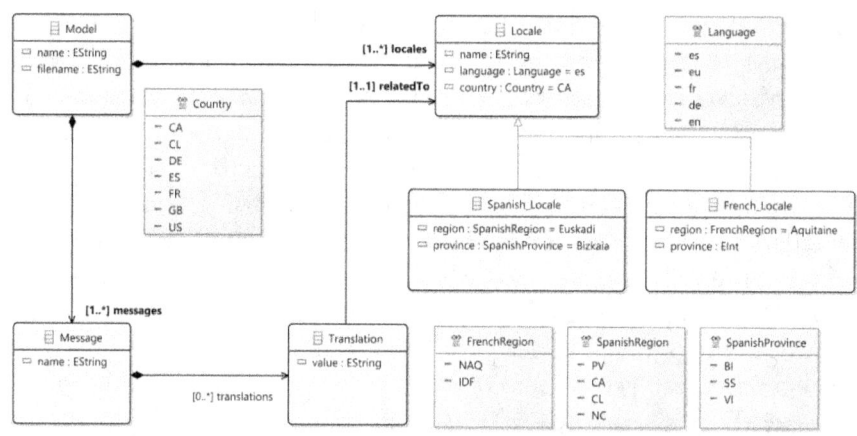

DSLarekin bat datorren adierazpena (1):

```
Program I18nSample is internationalized for
  esPANOL_ESpana Language: es Country: ES,
  esPANOL_ChiLe Language: es Country: CL,
  enGLISH_GreatBritain Language: en Country: GB,
  enGLISH_USa Language: en Country: US,
  deUTSCH_DEutschland Language: de Country: DE,
  frANCAIS_FRance Language: fr Country: FR.
The Message filename should start with "Surname_Messages":
  Message switchOn is translated as:
    'Please, connect your cell phone' in enGLISH_USa
    'Please, connect your mobile phone' in enGLISH_GreatBritain
    'Por favor, conecte su telefono movil' in esPANOL_ESpana
    'Por favor, conecte su celular' in esPANOL_ChiLe
    'Mach Ihre Handy ein, Bitte ' in deUTSCH_DEutschland
    "Allume son portable, s'il vous plait" in frANCAIS_FRance,
  Message wrong is translated as:
    'You are wrong' in enGLISH_USa
    'You are wrong' in enGLISH_GreatBritain
    'Vos estás errado' in esPANOL_ChiLe
    'Ud. se ha equivocado' in esPANOL_ESpana
```

```
 'Du bist falsch' in deUTSCH_DEutschland
 'Vous avez tort' in frANCAIS_FRance,
Message wait is translated as:
 'This will take several minutes' in enGLISH_USa
 'This will last several minutes' in enGLISH_GreatBritain
 'Este proceso se demorará varios minutos' in esPANOL_ChiLe
 'Este proceso durará varios minutos' in esPANOL_ESpana
 'Dieser Vorgang dauert einige Minuten' in deUTSCH_DEutschland
 'Ce procesus prendra plusieurs minutes' in frANCAIS_FRance
```

Adierazpen honek *I18nSample* izeneko programaren mezuak modelatzen ditu, 5 lokalizazio (*locale*) eta 3 mezu desberdinetarako. Itzulpenak sei dira, bi gazteleraz (Espainiakoa eta Txilekoa), bat EEBBtako ingelesaz, bat Frantziako frantsesez, eta bat Alemaniako alemanaz. Mezuen identifikatzaileak *switchOn*, *wrong* eta *wait* dira.

DSLarekin bat datorren adierazpena (2):

```
Program Program2 is internationalized for
  GipuzkoakoEuskara  Language: eu Country: ES Gipuzkoa,
  BizkaiakoEuskara   Language: eu Country: ES Bizkaia,
  IparraldekoEuskara Language: eu Country: FR 64,  //Watch out! It is a number
  Castellano         Language: es Country: ES,
  Francais           Language: fr Country: FR Ile De France.

The Message filename should start with "Mezuak":
  Message saturday is translated as:
   'larunbata' in GipuzkoakoEuskara
   'zapatua' in BizkaiakoEuskara
   'neskeneguna' in IparraldekoEuskara
   'sabado' in Castellano
   'Samedi' in Francais,
  Message sheetQuantity is translated as:
   'Mesedez, esan izotz gehiago nahi baduzu' in GipuzkoakoEuskara
   'Mesedez, esan lei gehiago gura badozu' in BizkaiakoEuskara
   'Arren, erran horma gehiago nahi baduzu' in IparraldekoEuskara
   'Por favor, indique si desea mas hielo' in Castellano
   "S'il vous plait, indiquez si vous voulez plus de glace" in
Francais,
  Message word is translated as:
   'kudeatzailearekin hitz egin, mesedez' in GipuzkoakoEuskara
   'kudeatzailearekin berba egin, mesedez' in BizkaiakoEuskara
   'kudeatzailearekin ele egin, arren' in IparraldekoEuskara
   'por favor, comuníquese con el administrador' in Castellano
   "s'il vous plait, contactez l'administrateur" in Francais
```

Adierazpen honek euskaraz (dialekto desberdinetan), gazteleraz eta frantesez idatzitako mezuak errepresentatzen ditu (*SpanishLocale* eta *FrenchLocale*). Probintzietako identifikatzaileak testu bidez adierazten dira, dagokion hizkuntzan, zenbakia ez bada: *Bizkaia*, *Gipuzkoa*, *Ile de France*, 64 (hauen ordez: *BI*, *SS*, *IDF* edo *Pyrenees Atlantiques*, hurrenez hurren).

3.11.2 Generate java code for message configuration

Programa bat eraiki, *xTend* lengoaian idatzita, 3.11.1 ariketako gramatikarekin (azpian emanda) bat datorren adierazpen bat emanda hainbat java fitxategi sor ditzan: (1) programa nagusia daukan java fitxategi bat, eredua bezala deitzen dena, (2) adierazpenean definituriko *locale* kopuru adinako propietate fitxategiak, hizkuntza eta herrialdea bakarrik kontuan hartuz (hots, eskualdeen edota probintzien erreferentziak ahaztuz). Ondoren DSL-rekin bat datorren lehen adierazpenarekin automatikoki sortu behar den kodea ematen da. Adi! Adierazpena aldatu, propietate fitxategien izenak *"Abizena_Messages"*-ekin has daitezen.

xText-ekin definituriko gramatika:

```
Model:
    'Program' name=ID
    'is' 'internationalized' 'for'
    locales+=Locale (',' locales+= Locale)* '.'
    'The' 'Message' 'filename'
    'should' 'start' 'with' filename=STRING ':'
    messages+=Message (',' messages+=Message)*;

Locale:
    JustLocale | French_Locale | Spanish_Locale;

JustLocale:
    name=ID
    'Language:' language=Language
    'Country:' country=Country;

French_Locale:
    name=ID
    'Language:' language=Language
    'Country:' country=Country
    (region=FrenchRegion //64=Pyrenees Atlantiques
    |province=INT); //40=Landes
```

```
Spanish_Locale:
  name=ID
  'Language:' language=Language
  'Country:' country=Country
  (region = SpanishRegion | province=SpanishProvince);

Message:
  'Message' name=ID
  'is''translated' 'as:' translations += Translation*;

Translation:
  value=STRING 'in' relatedTo=[Locale];

enum Language :  // Follow ISO-639-1 for more options
  es="es" | eu='eu' | fr='fr' | de='de' | en='en';
enum Country :   //Follow ISO-3166 for more options
  CA='CA'|CL='CL'|DE='DE'|ES='ES'|FR='FR'|GB='GB'|US='US';
enum FrenchRegion:
  NAQ = 'Aquitaine' | IDF = 'Ile De France';
enum SpanishRegion:
  PV='Euskadi'|CA='Cataluna'|
  CL='Castilla y Leon'| NC='Navarra';
enum SpanishProvince:
  BI='Bizkaia'|SS='Gipuzkoa'|VI='Araba';
```

Automatikoki sortutako kodea (aurreko lehen (1) adierazpenari dagokiona).

I18nSample.java

```java
import java.util.Locale;
import java.util.ResourceBundle;
import java.util.Scanner;

public class I18nSample{     //Program name

  static public void main(String[] args) {

    String language;
    String country;

    java.util.Scanner scanner = new Scanner(System.in);
    System.out.print("Identify the language: [es, en, de, fr]:
");   //only those available
    language = scanner.nextLine();
    if (!language.contentEquals("es")      //only those indicated in the expression
        && !language.contentEquals("en")
        && !language.contentEquals("de")
        && !language.contentEquals("fr"))
      language = new String("es");     //by default, the language in the first locale
```

```java
    System.out.print("Identify your Country: [ES, CL, GB, US,
DE, FR]: ");  // only those available
    country = scanner.nextLine();
    if (!country.contentEquals("ES")      // only those indicated in the expression
        && !country.contentEquals("CL")
        && !country.contentEquals("GB")
        && !country.contentEquals("US")
        && !country.contentEquals("DE")
        && !country.contentEquals("FR"))
      country = new String("ES");  // by default, the country in the first locale
    scanner.close();

    Locale currentLocale;
    ResourceBundle messages;

    currentLocale = new Locale(language, country);

    messages = ResourceBundle.getBundle("Surname_Messages",
currentLocale);
      System.out.println(messages.getString("switchOn"));   // one
line per message
      System.out.println(messages.getString("wrong"));
      System.out.println(messages.getString("wait"));
  }
}
```

Surname_Messages_es_ES.properties

```properties
#Message properties for locale es_ES
switchOn = Por favor, conecte su telefono móvil    // one line per message
wrong    = Ud. se ha equivocado
wait     = Este proceso durara varios minutos
```

Surname_Messages_es_CL.properties

```properties
#Message properties for locale es_CL
switchOn = Por favor, conecte su celular    // one line per message
wrong    = Vos estás errado
wait     = Este proceso se demorará varios minutos
```

Surname_Messages_en_GB.properties

```properties
#Message properties for locale en_GB
switchOn = Please, connect your mobile    // one line per message
wrong    = You are wrong
wait     = This will last several minutes
```

Surname_Messages_en_US.properties

```
#Message properties for locale en_US
switchOn = Please, connect your cell phone    //one line per message
wrong    = You are wrong
wait     = This will take several minutes
```

Surname_Messages_de_DE.properties

```
#Message properties for locale de_DE
switchOn = Mach Ihre Handy ein, Bitte    //one line per message
wrong    = Du bist falsch
wait     = Dieser Vorgang dauert einige Minuten
```

Surname_Messages_fr_FR.properties

```
#Message properties for locale fr_FR
switchOn = Allume son portable, s'il vous plait
wrong    = Vous avez tort
wait     = Ce procesus prendra plusieurs minutes
```

4. SPLE

4.1.1 Variability of Calendars

Honako domeinuaren aldakortasuna modelatuko duen ezaugarri-diagrama sortu: *enpresa grafiko batean egutegiak sortu.*

Bedi enpresa grafiko bat, non lan nagusia egutegiak sortzea den. Bezeroek egutegi mota (arrunta edo plangintzarako) aukera dezakete, eta baita honakoak ere: bere kokalekua (hots, non kokatzeko asmoa dagoen: poltsikokoa, mahaigainekoa, hormakoa); zentimetrotan neurtuta tamaina (5x9, 10x22, 11x25, 22x30, 30x45, 35x60); orientazioa (bertikala, horizontala); bolumena (orribakunekoa edo orrianiztuna); asteko lehen eguna (astelehena edo igandea); hilabeteak eta astegunak zein hizkuntzatan agertuko diren (gaztelera, English, euskara). Hala nahi izanez gero hainbat gehigarri sar daitezke (santuen izendegia, jaiegunak, ilargiaren aldiak). Egutegia 200 g/m^2 lodiera duen paperean inprimatzen da, bukaera matearekin, eta akzesorioekin, bat edo gehiago (kartazala, gako edo esekileku, uztaiak, metakrilatozko kutxa).

Defektuz egutegiak mota arruntekoak dira, plangintzarako aukera zehazten ez bada. Tamainak kokalekuaren arabera espezifikoak dira. Horrela, lehen tamaina poltsikoko egutegientzat da, hurrengo biak, mahaigainekoentzat dira, eta gainontzekoak hormakoentzat. 3 hizkuntzaraino aukeratzea posible da. Talde grafikoa lanean ari da, balizko hizkuntzen aukeraketa zabaldu ahal izateko. Enpresa grafikoan bertan erabakitzen da, eta bere kabuz, egutegiak zein akzesorio eramago dituen eta paperaren lodiera zein izango den, horretarako murriztapen hauek jarraituz: uztaiak dauzkaten egutegiak orrianiztunak dira, gako edo esekilekua daukatenek uztaiak eraman behar dituzte eta hormakoak dira, mahaigaineko orrianiztunak dira metakrilatozko kutxa eraman dezaketen bakarrak. Gaur egun egutegiak lodiera zehatz batekin eta paper matean bakarrik sortzen dira, baina beste paper-lodiera batzuk eta bukaera batzuk eskaintzeko aukera aztertzen ari dira.

4.2 Insurance products

4.2.1 Variability of Insurance products

Deskribatutako domeinurako ezaugarri diagrama sortu.

Bedi aseguru-agentzia bat, bere aseguru-produktuen hainbat aldaki eskaintzen dituena. Agentziak ez du konbinatutako aseguruen aukera onartzen, hortaz, bezeroen batek hainbat arrisku aseguratu nahi baditu behar adina produktu kontratatu beharko ditu. Horrela, bere bezeroek bizitza-asegurua, etxebizitza-asegurua edo ibilgailu-asegurua egitea aukera dezakete. Bizitza-aseguruek, aseguratutako subjektua hilez gero, onuradun pertsonei konpentsazio bat ematea ahalbidetzen dute. Zenbait kasutan, gainera elbarritasun-arriskua gehitu daiteke, eta horrela konpentsazioa ez da aseguratua hiltzen denean soilik emango, baizik eta bere elbarritasuna edo lanerako ezgaitasuna onartzen denean ere. Etxebizitza-aseguruek etxebizitzaren edukia, edukitzailea edo biak asegura dezakete. Edukitzaileak lokal edo eraikinari egiten dio erreferentzia, eta aldiz, edukiak dekorazioarekin du zerikusia, baita altzariak, tresneria, liburuak, etxetresna elektrikoak, etab. ere. Ibilgailu-aseguruetarako bi mota daude 'arrisku orotarakoa'[9] eta 'erantzun zibilekoa'[10]. Erantzun zibileko hauek hainbat aukera gehigarriekin osa daitezke, horrela ibilgailuaren lapurketaren edota beiren haustururaren kontra asegura daiteke, edota ibilgailuaren matxura kasuetan ordezko ibilgailu bat edukitzeko.

Aseguruaren hartzaileak ordaindu beharko duen kuota kalkulatzeko, bezeroaren profila zehaztu behar da. Horretarako aseguratua galdekatua izaten da, bere ohituren, egoera ekonomikoaren eta abarren berri izateko. Inkestaren emaitzaren ondorioz, aseguratuari arrisku-profil bat esleitzen zaio (baxua, erdikoa, altua). Aseguru-produktu bakoitzak badu ordaindu beharreko kuota bat. Esleitutako arrisku-profilaren arabera, oinarrizko tarifari gainordain edo errekargu bat ezartzen zaio, portzentajean kalkulatuta (arrisku-profil bakoitzarentzat, hurrenez hurren: %0, %50, eta %150). Bezeroaren profilak berarekin kontrata daitezkeen aseguru-produktuen gaineko hainbat murriztapen ere ezartzen ditu. Adibidez,

---

[9] arrisku orotarakoa: A todo riesgo
[10] erantzun zibilekoa: A terceros

arrisku-profil altua duten aseguratuei ez zaie elbarritasun-arriskua duten bizitza-aseguruak kontratatzen uzten, ezta arrisku orotarako ibilgailu-aseguruak ere.

4.3 Electrodomestic Repair Application System

Software produktu-lerro bat eraiki nahi da. Sortuko diren produktuek azpiegitura bat emango dute, era guztietako gailu elektronikoak (hots, TV, VCR, DVD player, BlueRay, musika-kateak....) tokian bertan konpontzeko azpiegitura hain zuzen ere. Produktu-lerroaren kide bakoitzak hiru software elementu ditu bereizirik: *web aplikazio* bat (AW), *mahai-gaineko aplikazio* bat (AS), eta *aplikazio eramangarri* bat (AP). Web aplikazioa bezeroek erabiliko dutena da, erregistratzeko eta konpondu nahi dituzten produktuei alta emateko. Mahai-gaineko aplikazioa konponketen bulegorako pentsatuta dago, eta honekin kudeaketarako ekintzak burutzen dira (hala nola, erabiltzaileen eta konponketarako langileen alta, konponketa eskaerak, konponketetarako hitzorduen kudeaketa, etab.). Aplikazio eramangarriak konponketak burutzen dituzten langileek erabiltzen dituzte, eta interneterako konexioa duten gailu eramangarrietan ezartzen dira (mugikorra, tablet-a edo PC eramangarria). Konponketa pertsonalak aplikazio hauek erabiliko ditu bukatu gabe dauden konponketak ikusteko, konponketa bat jadanik burutua izan dela oharra bidaltzeko, konponketan erabili den materialaren berri jasotzeko, sartutako ordu-kopurua, etab.

Produktu-lerroko sistemak bezeroak hiru kategoriatan sailkatzeko aukera ematen du, hala nahi bada. Honela, bezeroak hiru kategoriatan sailkatuko lirateke, zerbitzu gehien daukanetik gutxien daukanera ordenatuta hauek izango lirateke: *VIP*, *business* eta *professional*. Tratamendua bezeroaren profilari hobeto egokitzea ahalbidetzen du sailkapenak. Sailkapenik ez balego, bezero guztiak berdin tratatuko lirateke eta konponketak heltzean izandako ordenaren arabera esleituko lirateke. Bezeroen sailkapenarekin, esleipena lehentasunaren arabera egiten da. VIP direnek lehentasuna dute beren gailuak konpontzean.

Erregistraturiko gailuek mantentzea esleituta eduki dezakete, aukeran. Ezaugarri hori ez da gailuaren jabe den bezeroaren erabakiaren ondorioa, konponketa enpresaren politikarena baizik. Mantentzea esleituta edukitzeak esan nahi du gailu horren konponketa guztiak langile berak egiten dituela, gainera konfigurazioa berrikusteko lanak eta gailuak ondo funtzionatzen duela egiaztatzeko lanak burutzen direla. Mantentzearena kontratatuta badago, hau oro har urte osoko epean burutzen da, baina, hala eskatuz gero, epe hori desberdina izan daiteke.

Mahai-gaineko aplikazioan SE libre batekin lan egiteko aukera ematen da (adibidez, Linux, defektuzko aukera bezala) edo ordainpeko SE batekin (adibidez, Windows edo AppleOS). Edozein eratara, konputagailu guztietan berdina izan behar da beti. Lizentzien kostua ez dago prezioaren barnean sartuta.

Mahai-gaineko aplikazioak aukeran hainbat modulu izan ditzake, hala nahi bada: Kontabilitaterako moduluak, Fakturaziorako, ERP (*Enterprise Resource Planning*) eta CRM (*Customer Relationship Management*). Kontabilitateko Sistemak konponketen inguruko kontuak burutzen ditu. Fakturaziokoak bezeroari bidali beharreko albaranak eta fakturak sortu ahal ditu. Erabiltzeko prest biltegian dauden ordezko piezen kontrola burutzen du ERP-ak, eta behar den garaian eskaerak ere egiten ditu. Azkenik, CRM-ak bezeroei tratu pertsonalizatua egitea ahalbidetzen du, bezero baten ekintza guztien historiala modu automatikoan atzitzeko aukera ematen du.

Aplikazio eramangarrietan mugikorrentzat, tablet-entzat eta PC eramangarrientzat diren aplikazioak kontuan hartzen dira. Telefono mugikorretan eta tabletatan *Android* eta *iOS* (Apple) onartzen dira. Konputagailu eramangarrietan mahai-gaineko aplikazioetarako onartzen diren SE berdinak erabiltzen dira, berez, SE-ak mahai-gaineko aplikazioen sistema eragilearekin bat etorri behar du.

4.3.1 Variability of Electrodomestic Repair Application System

Deskribatu den domeinuari lotutako ezaugarri-diagrama sortu.

4.3.2 Use cases of Electrodomestic Repair Application System

Ondorengoko erabilpen-kasuen diagrama osatu, aurreko enuntziatua eta jarraian ematen ditugun zehaztapenak kontuan hartuz. Kasu honetan 'osatu'-k esan nahi du, erabilpen-kasuen diagramak "adornatzea", horrela beharrezkoa bada, egokia den estereotipoa jarriz eta erabilpen-kasuen artean elkarketak ezarriz.

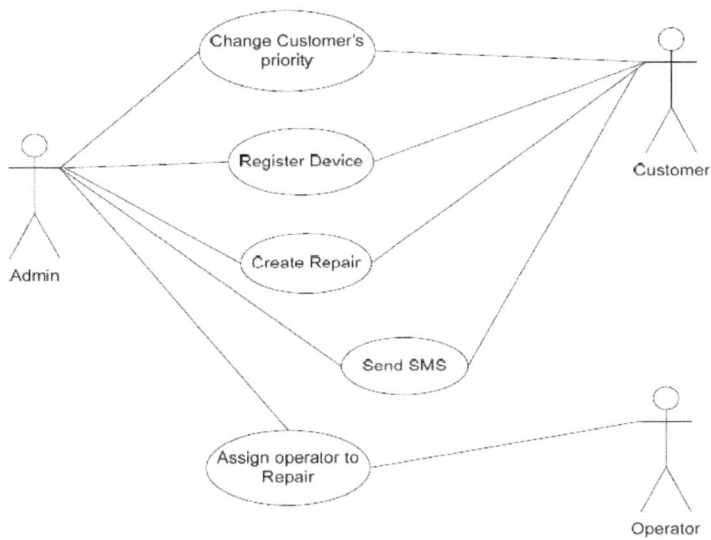

Admin erabiltzaileak hasieratzen dituen erabilpen-kasuak dira. **Change customer's priority** erabilpen-kasuak bezeroan lehentasun-maila batetik bestera pasatzea ahalbidetzen du (adibidez, *business* izatetik *VIP*-era). **Register Device** erabilpen-kasuak jadanik existitzen den bezero baten sisteman gailu bat erregistratzeko aukera ematen du. Batzuetan gailua erregistratu ondoren, gailu hori konpontzeko eskaera ere betetzen da (**create Repair**). Edozein kasutan, konponketarako eskaera bat erregistratzen den bakoitzean, konponketa hori langile bati esleitzen zaio. Gainera, bezeroen lehentasunen arteko bereizketa egiten bada, eta VIP motako bezeroa bada, bezeroari SMS mezu bat bidaltzen zaio.

4.3.3 Class Diagram of Electrodomestic Repair Application System

Ondoren azaltzen den klase-diagrama osatu, bezeroaren profilaren (esleipenerako lehentasuna) eta konpontzekoak diren gailuen aldaketa-puntuak irudikatzeko. Kasu honetan 'osatu'-k esan nahi du, klase berriak gehitzea (beren atributuekin), klaseak beren estereotipoekin "adornatzea" eta aipaturiko aldaketa-puntuentzako behar diren balizko elkarketak gehitzea.

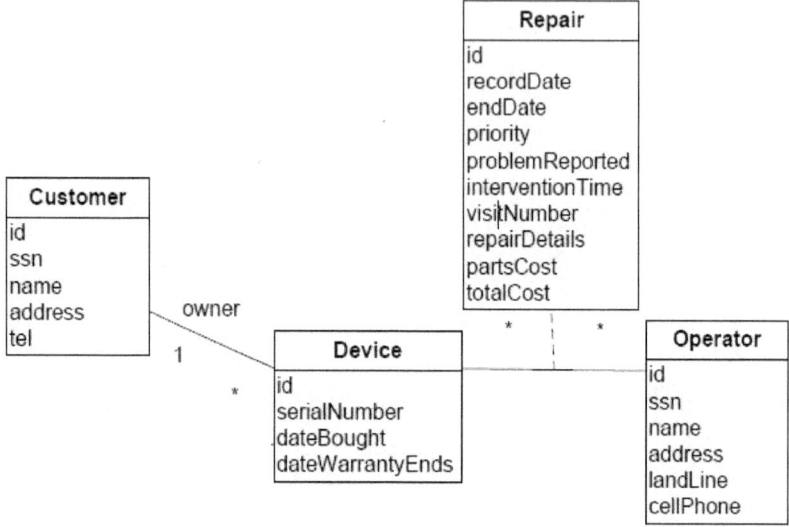

4.4   Smartphones

4.4.1   Variability of Smartphones

Ezaugarri-diagrama baten honako zatia osa ezazu, *smartphones* domeinuaren aldakortasuna modelatzen duena. 'Osatu'-k esan nahi du aipaturiko ezaugarrien arteko <u>erlazioak ezartzea</u> eta dagozkien <u>azpi-ezaugarriak gehitzea</u>, baita <u>beraien artean egon litezkeen murriztapenak</u> ere (diagramaren zatian agertzen ez diren beste ezaugarri batzuekin erlazionaturik egon litezkeen murriztapenak ahaztu egingo ditugu).

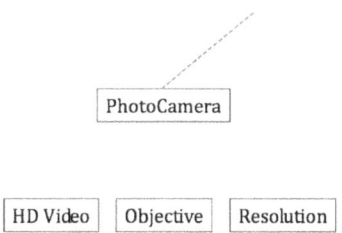

Tokia konpainiako *smartphone* delakoek hainbat ezaugarri dituzte. Bezeroek karkasaren kolorea aukera dezakete, zuria, beltza ala grisa. Datuen eta ahotsaren komunikaziorako hainbat estandar jarrai ditzake telefonoak, hala nola, GSM, GPRS, EDGE, HSPA, WCDMA eta LTE. Telefono guztiek SIM txartelak onartzen dituzte, mota bakarrekoak (Normala, microSIM ala nanoSIM). Telefono bakoitzak aukera gehigarriak eduki ditzake (Bluetooth, WiFi, DLNA, Datu mugikorrak, GPS, argazki kamara, sentsore giroskopikoa, azelerometroa, hurbiltasun eta argi sentsoreak). Argazki kamara batzuek HD bideoak grabatzeko aukera ematen dute. Kamarek objektibo bat dute foku-distantzia zehatz batekin (26, 28, 31, 33) mm. Kamarak hainbat bereizmen maximo eskaintzen ditu (4, 8, 13) Megapixel (MP).

Aldi bakoitzean modako karkasa bat dago, modaren arabera denboran zehar aldatzen doana. Une honetan lore batzuk ditu, baina iazkoak tantoak zituen, eta udarakoak Disney-ren pertsonai bat izango du. Bezeroaren kokapenaren arabera, eta une horretan eskuragai dagoen teknologiaren arabera, datuen eta ahotsaren komunikaziorako teknologia integratzen du telefonoak (2G motako estandar moduan GSM, GPRS eta EDGE hartzen dira, 3G motakoak HSPA eta WCDMA dira, eta 4G motakoa LTE da). Teknologia horiei komunikaziorako estandar berriak gehitu ahal izatea posible da (batez ere 4G motako aukera gehiago, eta aurrerago agian 5G estandarrak ere). Mugikorrak erabiltzen duen SIM txartelaren mota, erabiltzen den teknologia motak mugatzen du. Horrela, 2G duten terminalek SIM normala edo arrunta erabiltzen dute, 3G motakoek microSIM erabiltzen dute, eta 4G direnek nanoSIM erabiltzen dute. HD bideoan grabatu ahal izateko, kamara 8MP-koa edo gehiagokoa izan behar da. Bestalde, eskaintzen duten bereizmen maximoaren azpitik dauden bereizmen guztiak ere aukeran dituzte kamarek.

4.5   Light Control Domotic System

4.5.1   Use Cases of a Light Control Domotic System

Ondorengoko erabilpen-kasuen diagrama osatu, *"domotika sistemak: argiztapenaren kontrola"* domeinuaren enuntziatuaren eta ondoren gehitzen dugun deskribapenaren zehaztapenak kontuan hartuz. 'Osatu'-k esan nahi du erabilpen-kasuen diagramak "adornatzea", egokia den estereotipoa jarriz eta aipaturiko erabilpen-kasuen artean elkarketak ezarriz. Hori guztia horrela beharrezkoa bada.

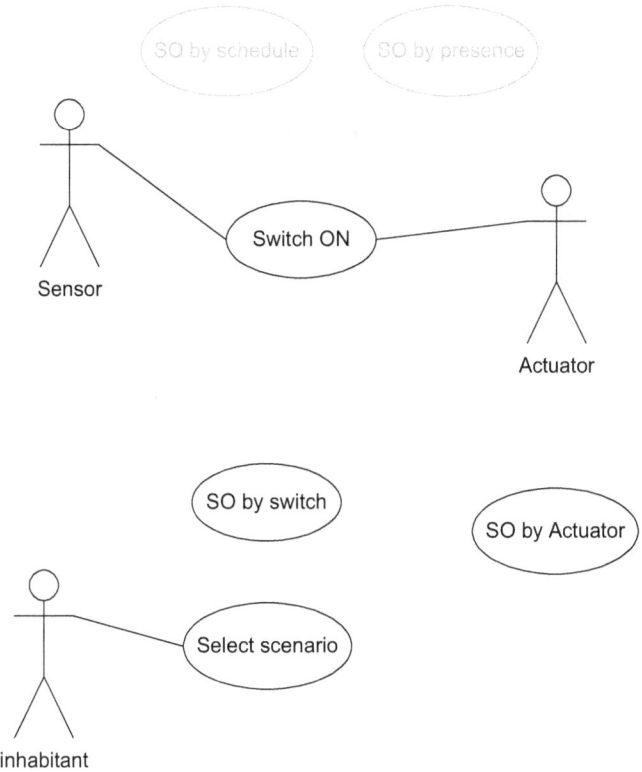

Domotikaren eremuetako bat argiztapenaren kontrolean kokatzen da. Argiztapenaren kontrol sistema guztiek gela bateko argi bat edo gehiago erabat piztu/itzaldu dezakete (*on/off*), edo argi horien intentsitatea erregulatu dezakete. Gaur egungo sisteman argia pizten da (*switch on*) erabiltzaileak dagokion etengailua aktibatzen duenean (*by switch*), ohiko metodoa eta beti eskura dagoena (etengailua sentsore bat izanik).

Sistemak beste aurrerakuntza batzuk eduki ditzake, adibidez, argia piztea gelan pertsonen bat dagoela detektatzean aktibatzen delako (*by presence*), edo ordu zehatz batzuetan aktibatzeko programatu delako (*by schedule*), edo beste ekintzaileren batek argia piztea behar duelako (*by actuator*), esaterako arrotzen aurkako alarma salta delako. Gainera, bizilagunek zenbait gelatarako aurredefinitu diren hainbat eszenario edo moduren artean aukera dezakete, horiek gela modu jakin batean argiztatzen dute. Adibidez, "afaria" moduan argiztatzeak esan nahi du jangelako mahaiaren gaineko argia piztea eta giro-argia %50era erregulatzea. Aldiz, "zinea" moduan argiztapena itzalita uzten da, zutikako lanpara bat ezik, hori %20ra erregulatuta geratzen delarik. *select scenario* erabilpen-kasuak gela batentzat eszenario edo modu horietakoren bat aukeratzeko balio du.

4.5.2   Class diagram of a Light Control Domotic System

Ondoren azaltzen den klase-diagrama osatu, eszenarioen kontrola dela eta, aurreko ariketan aipaturiko aldaketa-puntuak errepresentatzeko. Kasu honetan 'osatu'-k esan nahi du klase berriak gehitzea (beren atributuekin), klaseak beren estereotipoekin "adornatzea" eta aipaturiko aldaketa-puntuentzako behar diren balizko elkarketak gehitzea.

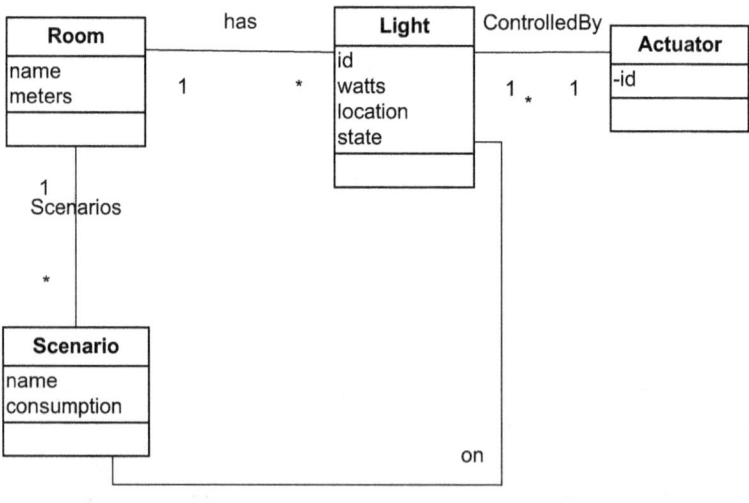

4.6   Vehicles

Trafikoaren kudeaketarako legea aldatu denez, orain agentzia pribatuek trafikoko zuzendaritza orokorra atzitu ahal izango dute, erabiltzaileen izenean hainbat eragiketa egiteko. Eragiketen artean egongo dira ibilgailuen inguruko datuak gehitu, aldatu eta kontsultatzea. Adibidez, ibilgailuen jabeen inguruko datuak zehaztea (ibilgailuaren titularraren alta/baja/aldaketa egitea), isunak (isuna ezartzea, isunaren berri ematea, ordainketa jasotzea, alegazioa egitea, gaizki aparkatutako edo istripua izandako ibilgailua mugitzeko eskaerak, garabi-zerbitzuetara deiak, ibilgailua mugitzeagatik faktura bidaltzea), aseguruak (ibilgailuen polizen alta/baja/aldaketa, istripu-partea sartu eta aldatzea, lapurketa edo kalteak, ordainketak egitea) eta ibilgailuen berrikuspen teknikoa (ibilgailuaren azterketaren emaitza, positiboa nahiz negatiboa, sartu; txostena sartu behatutako elementuen zerrendarekin eta beren egoerarekin).

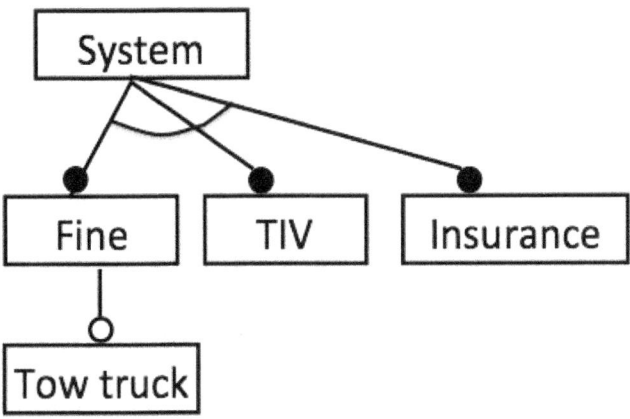

4.6.1   Use Cases of Vehicles

Ondorengoko erabilpen-kasuen diagrama osatu, ondoren zehazten den deskribapena kontuan hartuz. 'Osatu'-k esan nahi du erabilpen-kasuen diagramak "adornatzea", egokia den estereotipoa jarriz eta aipaturiko erabilpen-kasuen artean elkarketak ezarriz. Hori guztia horrela beharrezkoa bada.

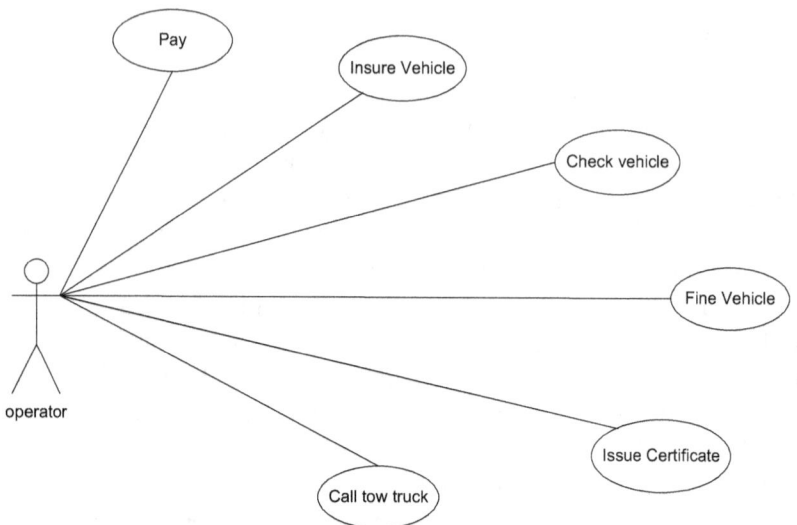

Bulegariak (*operator*) ondoren azaltzen diren erabilpen-kasuak (EK) hasieratzen ditu. **Pay** EK bezeroak emandako kreditu-txartela erabiliz ordainketa egitea da. **Check Vehicle** azterketa teknikoaren txostena erregistratzeko erabiltzen da (horrela motorearen, galgen, keinukarien, etab.en egoera biltegiratuz). Azterketarekin hasi baino lehen, txartelaren bitarteko ordainketa egiaztatu beharko da. Behin ibilgailua aztertuta, berrikuspenari dagokion txostena sortzen da. Txostena positiboa bada, dagokion zertifikatua sortuko da (**Issue certificate**). **Insure vehicle** EK ibilgailu baten aseguru-poliza berria gehitzeaz arduratzen da. Poliza bat sortzen denean, aseguratuari dagokion kuota kobratu beharko zaio. Azkenik, bulegariak **Fine vehicle** EK erabiliko du arau-urratze baten datuak zehazteko (trafiko kodearen zein artikulu aplikatu diren, edota baldintza salbuesleak dauden (hots, zigorra bigunduko luketenak). Zigorraren eta sortutako arazoaren arabera, eta baliabide teknikoak baldin badauzkate, garabi-zerbitzua eskatu ahalko litzateke (**Call tow truck**) ibilgailua dagoen lekutik mugitzeko.

4.6.2 Class Diagram of Vehicles

Ondorengoko klase diagrama osatu, ezaugarri diagramak erakusten duen aldakortasunarekin bat etor dadin. 'Osatu'-k esan nahi du klaseak "adornatzea", egokia den estereotipoa jarriz.

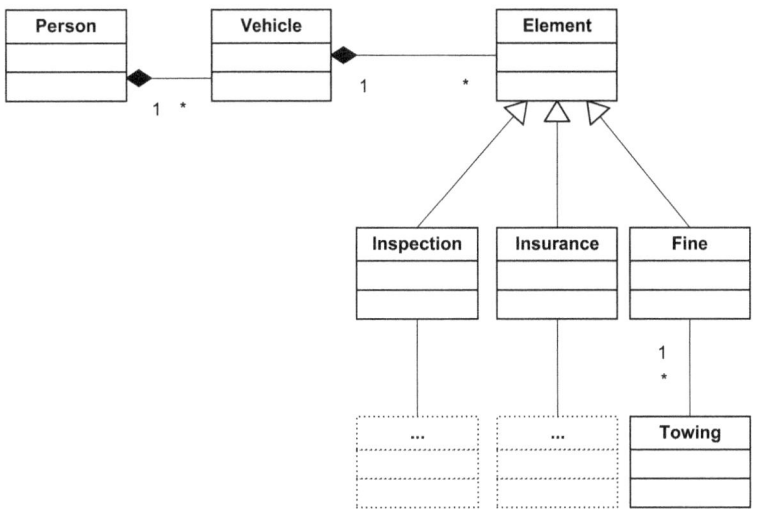

4.6.3 FeatureIDE Program of Vehicles

Trafikoaren kudeaketarako legea aldatu denez, orain agentzia pribatuek trafikoko zuzendaritza orokorra atzitu ahal izango dute, erabiltzaileen izenean hainbat eragiketa egiteko. Ibilgailuen inguruko datuak gehitu, aldatu edo kontsultatzeko eragiketak izango dira, baita isunak jarri, garabi-zerbitzuei deitu, etab. etab. Testuinguru horretan software produktu lerro (SPL) bat eraiki nahi da, hainbat produktu eskainiko duena, produktu horien helburua izango diren entitateen arabera.

SPL horrentzat <u>ezaugarri diagrama</u> sinple bat ondoren ematen duguna izango litzateke.

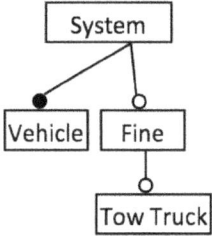

Ondoren ematen den Java kodean oinarrituta, *FeatureIDE* tresna erabiliz SPL proiektu bat garatu, aurreko ezaugarri diagramari dagokion produktu lerroa inplementatzeko.

```
package es.ehu;

import java.io.BufferedReader;
import java.io.InputStreamReader;

public class VehicleMan {
  static String numb = "";
  public static void main(String[] args) {
    System.out.println("********** VEHICLE MANAGEMENT ********** ");
    System.out.println("Select your option: ");
    print_menu();
    read_option();
    System.out.println("  <<< Finished >>>> ");
  }

  public static void print_menu() {
    System.out.println("    1- Vehicle Registration ");
    System.out.println("    2- Fine Imposition ");
  }


  public static void read_option() {
    BufferedReader option;
    try {
     option = new BufferedReader(new InputStreamReader(System.in));
      numb = option.readLine();
    }catch(Exception e) {
      System.out.println("Error with the data insertion");
    }

    if (numb.equals("1")) register();
    if (numb.equals("2")) impose();
  }


  public static void register() {
    BufferedReader data;
    String plate = "";
    String name = "";

    System.out.println(" ");
    System.out.println("********** ********** ********** ");
    System.out.println("********** REGISTRATION ********** ");
    System.out.println("********** ********** ********** ");

    try {
      System.out.println("Plate number: ");
      data = new BufferedReader(new InputStreamReader(System.in));
      plate = data.readLine();
      System.out.println("Owner name: ");
      data = new BufferedReader(new InputStreamReader(System.in));
      name = data.readLine();
      // register_db(plate, name);
      System.out.println("Registration done with plate ("+plate+")
and name ("+name+")");
      System.out.println("....");
    }catch(Exception e) {
```

```
      System.out.println("Error with the data insertion");
    }
  }

  public static void impose() {
    BufferedReader data;
    String plate = "";
    String cause = "";
    String amount = "";

    System.out.println(" ");
    System.out.println("*********** ************ ********** ");
    System.out.println("********** FINE IMPOSITION ********* ");
    System.out.println("*********** ************ ********** ");

    try {
      System.out.println("Plate number: ");
      data = new BufferedReader(new InputStreamReader(System.in));
      plate = data.readLine();
      System.out.println("Cause: ");

      data = new BufferedReader(new InputStreamReader(System.in));
      cause = data.readLine();
      System.out.println("Amount: ");
      data = new BufferedReader(new InputStreamReader(System.in));
      amount = data.readLine();

      // register_db(plate, name);
      System.out.println("Fine to plate ("+plate+") with the
amount("+amount+") because of "+cause);
      System.out.println("....");
    }catch(Exception e) {
      System.out.println("Error with the data insertion");
    }

    call_towtruck();

  }

  public static void call_towtruck() {
    BufferedReader data;
    String option = "";

    System.out.println(" ");
    System.out.println("********** CALLING THE TOW TRUCK ********** ");

    try {
      System.out.println("The list of available tow trucks: ");
      // read_db(list_of_trucks)
      System.out.println("A- CallAndGo");
      System.out.println("B- Smith's");
      System.out.println("C- Quickest");

      System.out.println("Choose your option: ");
      data = new BufferedReader(new InputStreamReader(System.in));
      option = data.readLine();
      // update_db(option);
```

```
      System.out.println("Calling the tow truck with "+option+" option");
      System.out.println("....");
   }catch(Exception e) {
      System.out.println("Error with the data insertion");
   }
 }
}
```

4.7 Primary School

4.7.1 Variability of a Primary School

*Lehen hezkuntzako eskola baten antolaketarako sistema*ri lotutako ezaugarri diagrama sortu.

SchoolManager kudeaketa sistema lehen hezkuntzako ikastetxeen kudeaketa errazteaz arduratzen da. Ikastetxeak kudeatzeko software paketeak zerrendetarako eta komunikaziorako zerbitzuak eduki behar ditu beti, ikasleen familiekiko komunikazioa antolatzeko. Lehenengoarekin zentroak dauzkan taldeen zerrendak sortu ahal dira. Ikasleak hainbat taldetan banatzen dira, eta talde bakoitzaren tutoreak eta laguntzaileak esleitzen dira. Bigarren zerbitzua ikasleen familiei ikastetxearen oharrak bidaltzeaz arduratzen da. Ohar horiek erredundantziak saihestuz bidali behar diren mezuak dira (hau da, familia bakoitzeko mezu bat, eskolan seme-alaba bat baino gehiago duten familiei mezu errepikatuak bidaltzea saihestuz). Mezu horien bidez familiei abisatzen zaie txango bat antolatu dela, edo talde horietan zorriak detektatu direla, edo gurasoentzat hitzaldi bat antolatu dela, etab. Nahi izanez gero, mezu-txantiloiak aurre-definitu daitezke, baita notifikazio horiek noiz burutu behar diren aurretik planifikatu ere. Ez hori bakarrik, irakasleen txostenak bidaltzeko aukera ere gehitu daiteke sisteman, horrela gurasoei ikasleen bilakaerari buruzko txostenak bidaltzeko erabil daitekeelarik. Kasu horretan, irakasleek sisteman sartu eta txostenak idatzi ahal izateko atzipen-kontua eduki behar dute.

SchoolManager-ek darabiltzan datu guztiak eskolako zerbitzari zentralean biltegiratzen dira, modu pertsistentean. Biltegiratzeko bi aukera daude: (1) datu-base erlazional batean edo (2) objektuei orientatutako datu-base batean. Tekniko instalatzaileak zerbitzaria arakatu ondoren eta honen ezaugarriak kontuan hartuz biltegiratze metodoa zein izango den hautatzen du, aukera hauen artean: (a) *Oracle* (datu-base erlazionalen kudeaketa sistema, ordainpekoa eta prestazio askokoa); (b) *mysql* (datu-base erlazionalen kudeaketa sistema, dohainekoa eta ezaugarri edo prestazio gutxiago dituena); (c) *Hibernate* (objektuei orientatutako biltegiratzea duen kudeaketa sistema, prestazio askokoa); eta (d) *DB4* (objektuei orientatutako biltegiratzea duen kudeaketa sistema, ezaugarri gutxiago dituena).

SchoolManager komunikaziorako hainbat ezaugarrirekin pertsonalizatu behar da, esaterako posta elektronikoko hornitzailea eta ikasleen gurasoei oharrak bidaltzeko ikastetxeak duen komunikazio-bidea. Posta elektronikoko hornitzaile bezala dohaineko e-posta hornitzaileetako bat izan daiteke (hotmail, gmail) ala Hezkuntza Sailekoa (ejgvmail). Behin pertsonalizatuta, sistemak hornitzaile hori bakarrik erabiltzen du dagozkion komunikazioak burutzeko, aplikazioan erabat integratuta egongo delarik. Gurasoekin erabiliko den komunikazio-bidea dela eta, hau paper bidezkoa izan daiteke, edo posta elektronikoa erabiliz (eta kasu honetan du zentzua e-posta hornitzaileak) edo biak batera. Noski, aplikazioaren prezioa aukeratutako baliabideen mendekoa izango da. Era berean, aukera bezala ere eskaintzen da guraso dibortziatuak dituzten familien kudeaketarena. Kasu horretan, komunikazioak bikoiztu egiten dira eta alderdi bakoitzari bidaltzen zaizkio.

4.7.2   Use Cases of a Primary School

Ondorengoko erabilpen-kasuen diagrama osatu, ondoren zehazten den deskribapena kontuan hartuz. 'Osatu'-k esan nahi du erabilpen-kasuen diagramak "adornatzea", egokia den estereotipoa jarriz eta aipaturiko erabilpen-kasuen artean elkarketak ezarriz. Hori guztia horrela beharrezkoa bada.

Ikastetxeko pertsonal-buruak ikasleen alta, baja eta eguneraketez (*insert / delete / update*) arduratzen da. Lehen esan bezala, datuen pertsistentzia desberdin egiten da definitu den aukeraren arabera: mysql edo DB4 (bi horiek bakarrik, sinplifikatzearren). Zuzendariak, bere aldetik, ikaslea talde batean esleitu dezake indibidualki, edo bestela taldeak sortu (*create groups*) erabilpen-kasua erabil dezake, taldearen esleipena burutzen duena, kurtsoko ikasle bakoitzerako. Guraso dibortziatuak dituen familia zehaztu (*set divorced family*) familientzako oharrak bikoiztuta bidali behar direla zehazten duen erabilpen-kasua da.

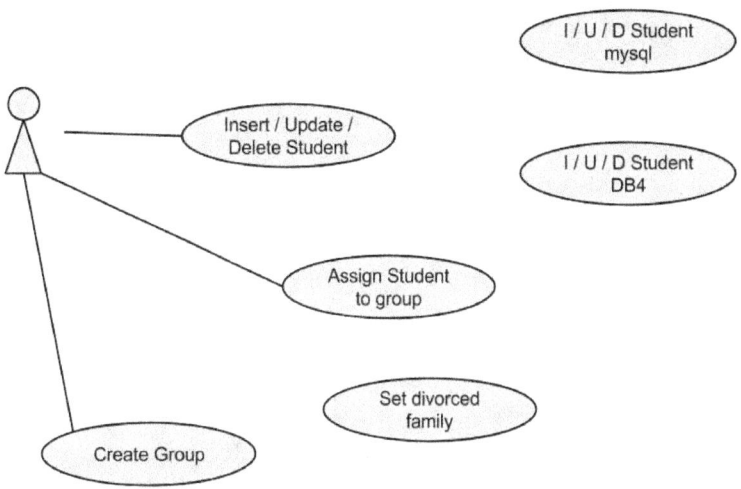

4.7.3 Class Diagram of Primary School

Ondorengoko klase diagrama osatu, ezaugarri diagramak erakusten duen aldakortasunarekin bat etor dadin. 'Osatu'-k esan nahi du klaseak "adornatzea", egokia den estereotipoa jarriz eta aipaturiko klaseen artean elkarketak ezarriz. Hori guztia horrela beharrezkoa bada, eta gehiago gehitu gabe.

Klase-diagramaren barnean familiak (*Family*) ditugu, eta hauei loturik beren kideen (*Member*) zerrenda. Helbide elektronikoa eta paperaren artean aukeratu baldin badaiteke, orduan eta familiak ohar elektronikoa aukeratu badu, familiako gurasoen ordezkariaren helbidea elektronikoa gordetzen da. Papera aukeratuz gero, berriz, bere posta-helbidea gordetzen da. Aukera egiterik ez badago, aukera horiek ez dira agertzen eta sistemak onartzen duen helbidea gordetzen da. Guraso dibortziatuak dituzten familiei lotutako kudeaketa badago eta familia dibortziatuta badago, helbide gehigarri bat gorde behar da (elektronikoa edo paperezkoa), beste gurasoarena.

4.7.4   FeatureIDE Program of Primary School

Ematen den Java kodean oinarrituta, (1) ondoko irudiari dagokion
ezaugarri diagrama eraiki, (2) bi konfigurazio sortu: bat *db4*, *paper* eta
divorced dauzkana; eta beste bat *DB4*, *Google*, *lists* eta *notifications* dauzkana.
Defektuzkoa bezala agertu behar den soluzioa lehenengo konfigurazioari
dagokiona da.

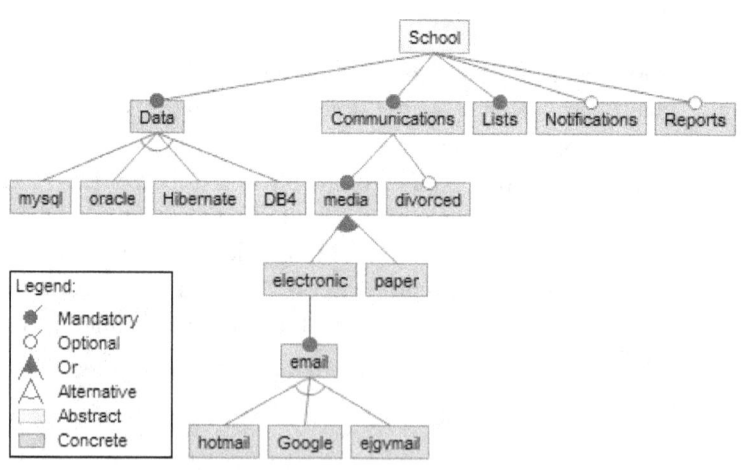

Ondorengo irudian, emandako proiektuan inplementatu diren klaseen diagrama erakusten da. Bi zati egin dira. Goiko zatian, ikastetxeko datuen eskema erakusten da (sinplifikatuta) (hau da, *Family*, *DivorcedFamily*, *Student*, *Address*, *ElectronicAddress*, *PostalAddress*).

Honako irudian programaren antolaketa erakusten da. *Main* klaseak menu nagusia (*Menu*) eraikitzen duen programa nagusia dauka. Menua hainbat aukeraz (*MenuItem*) osatuta dago, eta aukera bakoitza erabilpen-kasu (*UseCase*) bati dagokio. Azkeneko klase honek erabilpen-kasu guztien egitura definitzen du, erabilpen-kasu guztiek *execute* izeneko metodoa eduki behar dute berau exekutatu ahal izateko. Proiektua zatikatzeko, batez ere *Main* klaseari jarri behar diozu arreta berezia (menuko zein aukera zein ezaugarrirekin bat datorren erabakitzeko), eta baita *db4*, *media* eta *divorced* ezaugarriak aukeratuz gero ukitzen diren klaseei ere.

4.8   Messages to Clients

4.8.1   Variability of Messages to Clients

Deskribatutako domeinurako ezaugarri diagrama sortu.

Bezeroei oharrak bidaltzeko sistemetarako software produktu-lerro bat eraiki nahi da. Oharrak bidaltzeko sistemarako bi metodo eskaintzen dira, testu-mezu motzetan oinarrituta eta alternatiboak direnak: SMS ala posta elektronikoa. Gainera, hartutako mezu-sistemaren menpe egon gabe, mezua jaso dela baieztatzeko zerbitzua gehitzeko aukera dago, mezuaren jasotzaileak hau irakurri duela abisatuz bidaltzaileari oharra pasatzen diona. Azkenik, oharren sistema osatzeko, bi aukera gehigarri eskaintzen dira, lortutako sistema osoari sofistikazio gehiago eman diezaioketenak: (1) mezu bera hainbat jasotzaileei bidali, eta (2) mezuari multimedia informazioa gehitu (argazkiak, esaterako)

4.8.2   Variability of Electronic Messages

Deskribatutako domeinurako ezaugarri diagrama sortu.

Mezuen bidalketarako software produktu-lerro bat bat garatu nahi da. Bidali beharreko mezu guztiek testua daukate eta gehienez ere *atxikitutako elementu edo fitxategi* bat eduki lezakete (hots, argazkia, *bideoa*, egutegiko gertakizuna, edo fitxategi batean biltegiratu daitekeen beste edozein datu). Zenbait mezuk *tamaina muga* bat ezarrita eduki lezakete, testuaren luzerarako muga edota atxikitutako fitxategirako muga, eta zehazki, atxikitutakoa bideoa denean bere tamaina 10, 30 eta *50MB*etara mugatuta dago. Hala ere, jadanik detektatu da fitxategien (gehienbat multimediakoen) batezbesteko tamaina handitzen ari dela, eta *zerbitzarien ahalmena* ere hobetzen ari dela, beraz maila handiagoko muga berriak sartzea aurreikusten da. Fitxategien tamainarako muga atxikitutako fitxategia daukaten mezuei espezifikatu beharko litzaieke.

Mezuak oro har erabiltzaile bakarrari bidaltzen zaizkio, uneko data eta orduan. Mezu baten *atzeratutako bidalketa* eskatzea posible izango da, edota mezuak *hainbat hartzaile* edukitzea ere posible izango da. Azken kasu horretan *hartzaile ezkutuak* egon litezke.

4.8.3   Use Cases of Messages to Clients (1)

Ondorengoko erabilpen-kasuen diagrama osatu, jarraian zehazten den deskribapena eta 4.8.1 azpiataleko ezaugarri diagrama kontuan hartuz. Osatuk esan nahi du erabilpen-kasuen diagramak "adornatzea", egokia den estereotipoa jarriz eta aipaturiko erabilpen-kasuen artean elkarketak ezarriz. Hori guztia horrela beharrezkoa bada.

Oharren arduraduna oharrak prestatu eta bidaltzeaz arduratzen da, horretarako *sendMessage* erabilpen-kasua erabiliz. Mezuak, produktu-lerroaren elementu batean email bidez (*send email*) burutzen dira, eta bestean, SMS bidez (*send SMS*).

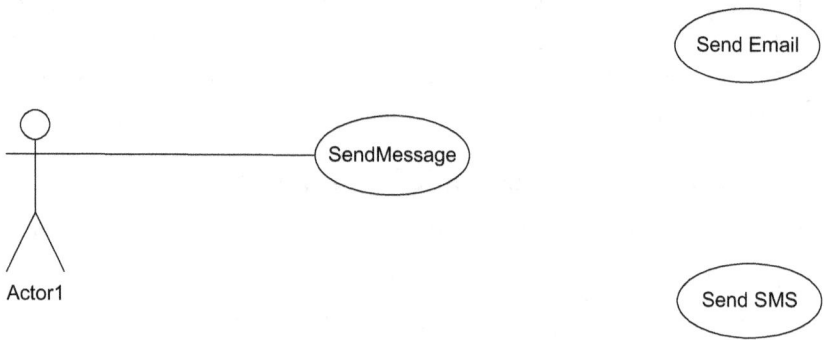

4.8.4   Use Cases of Messages to Clients (2)

Ondorengoko erabilpen-kasuen diagrama osatu, jarraian zehazten den deskribapena eta 4.8.1 azpiataleko ezaugarri diagrama kontuan hartuz. Osatuk esan nahi du erabilpen-kasuen diagramak "adornatzea", egokia den estereotipoa jarriz eta aipaturiko erabilpen-kasuen artean elkarketak ezarriz. Hori guztia horrela beharrezkoa bada.

Oharren arduraduna oharrak prestatu eta bidaltzeaz arduratzen da, horretarako *sendMessage* erabilpen-kasua erabiliz. Mezuak, produktu-lerroaren elementu edo kide batean email bidez burutzen dira (*send email*), eta bestean, SMS bidez (*send SMS*). Gainera, multimedia fitxategiak dauzkaten oharrak daudenean (horrelako aukera hori onartzen bada betiere), oharra testu bidezko SMS bat bidaliz (*send SMS*) burutzen da eta testuari fitxategia daukan MMS (multimedia zerbitzu) bat gehituz (*send MMS*).

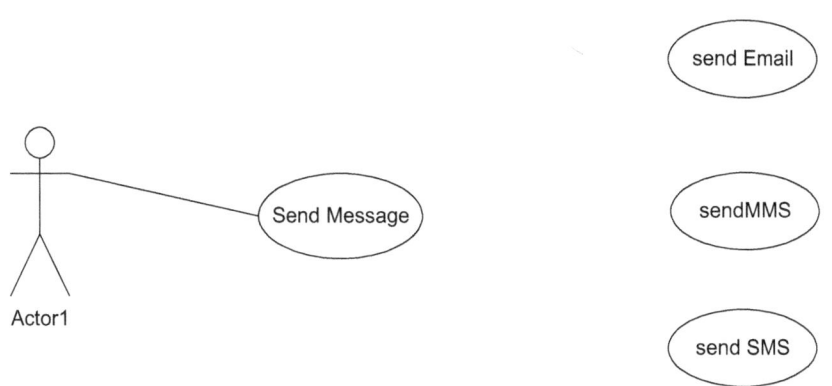

4.8.5 Use Cases of Messages to Clients (3)

Ondorengoko erabilpen-kasuen diagrama osatu, jarraian zehazten den deskribapena eta 4.8.1 azpiataleko ezaugarri diagrama kontuan hartuz. Osatuk esan nahi du erabilpen-kasuen diagramak "adornatzea", egokia den estereotipoa jarriz eta aipaturiko erabilpen-kasuen artean elkarketak ezarriz. Hori guztia horrela beharrezkoa bada.

Oharren arduraduna oharrak prestatu (*Create Message*) eta bidaltzeaz (*Send Message*) arduratzen da. Produktu-lerro honekin atzeratutako mezuen aukerarik ez dago, hortaz sortutako mezu guztiak *Send Message* erabilpen-kasua erabiliz bidali behar dira. Mezuen bidalketa, produktu-lerroaren elementu batean, email bidez (*send email*) burutzen da, eta bestean, SMS bidez (*send SMS*). Dagokion software produktuak mezua hainbat hartzaileei bidaltzeko aukera eskaintzen duenean, bidalketaz arduratutako langileak egokiak diren helbideak helbide agendatik aukera ditzake (***Select** receivers from AddressBook*). Gainera, hartzaile berrien helbideak agendan txertatu beharko dira (*Insert new receivers into AddressBook*).

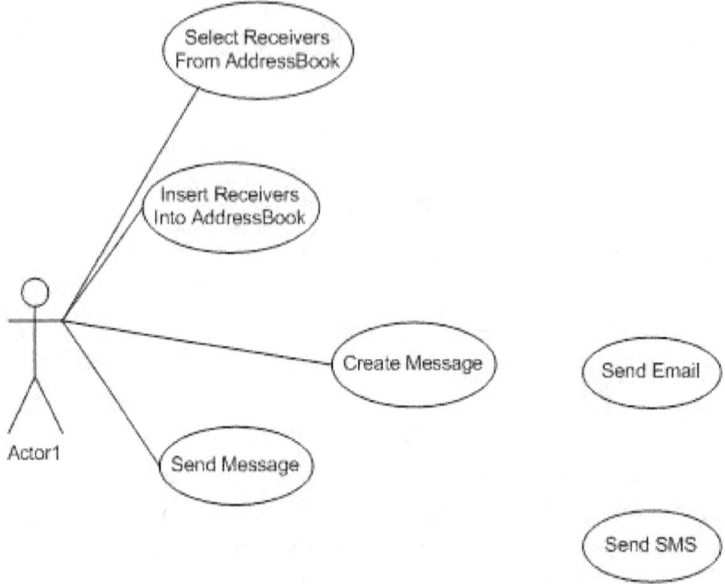

4.8.6   FeatureIDE Program of Messages to Clients (1)

Hasieran (4.8.1 azpiatalean) deskribatzen den domeinuari lotutako ezaugarri-diagrama eraiki *FeatureIDE* tresna erabiliz. Behin diagrama sortuta, hiru konfigurazio eraiki: bat (*default* izenarekin) aukera hauek dauzkana, SMS bidezko mezuak, jasotzaile anitzak eta mezuak jasotzearen baieztapena (konfigurazio hau defektuzkoa izango da); beste bat (*common* izenarekin), zati amankomuna besterik ez daukana, eta hirugarrena (*full* izenarekin), balizko aukera guztiak dauzkana (mezuak email bidez). Azkenik, ematen den Java kodean oinarrituta, kodearen banaketa burutu, enuntziatuko ezaugarri deskribapenaren arabera.

```java
import java.io.BufferedReader;
import java.io.IOException;
import java.io.InputStreamReader;
import java.util.ArrayList;

public class MessageSystem {
   static BufferedReader input =
     new BufferedReader(new InputStreamReader(System.in));
  public static void main(String[] args) throws IOException {

     Integer numb = null;
     print_menu();
     numb = read_option();
     switch(numb){
     case 0:  System.exit(0);
```

```
      case 1: sendMessage();
          break;
      case 2: sendMessageToMultiple();
          break;
      default:System.out.println("ERROR: Option not supported.");
      }
      System.out.println("  <<< Finished >>>> ");
  }

  public static void print_menu() {
      System.out.println("********** ****** ********* ********** ");
      System.out.println("********** MESSAGE MANAGEMENT ********** ");
      System.out.println("********** ****** ********* ********** ");
      System.out.println("\t0.- Exit ");
      System.out.println("\t1.- Send Message to a recipient");
      System.out.println("\t2.- Send Message to multiple recipients");
  }

  public static Integer read_option() throws java.io.IOException {
      System.out.print("\tEnter your option: ");
      return Integer.parseInt(input.readLine());
  }


  public static void sendMessage() throws java.io.IOException {
      String recipient = "";
      String text = "";
      String mmedia = "";
      Boolean multimedia = false;
      Boolean acknowledgement = false;

      System.out.println(" ");
      System.out.println("********** *********** ********** ");
      System.out.println("********** SEND MESSAGE ********** ");
      System.out.println("********** *********** ********** ");

      text = getText();
      multimedia = getMultimedia();
      if (multimedia)
        mmedia = getMultimediaAttach();
      recipient = getRecipient();
      acknowledgement = getAcknowledgement();

      sendMessage(text, recipient);

      if (multimedia)
        attachMultimedia(mmedia);
      setAcknowledgement(text, recipient, acknowledgement);
      System.out.println(".");
  }

  public static void sendMessageToMultiple()throws
java.io.IOException{
      ArrayList<String> recipients;
      String text = "";
      String mmedia = "";
      Boolean multimedia = false;
```

```
    Boolean acknowledgement = false;

  System.out.println(" ");
  System.out.println("*********** **** ******* ** ********
********** ***********");
  System.out.println("*********** SEND MESSAGE TO MULTIPLE
RECIPIENTS ***********");
  System.out.println("*********** **** ******* ** ********
********** ***********");


  text = getText();
  multimedia = getMultimedia();
  if (multimedia)
    mmedia = getMultimediaAttach();
  recipients = getRecipients();
  acknowledgement = getAcknowledgement();

  for (String recipient:recipients){
    sendMessage(text, recipient);
    if (multimedia)
      attachMultimedia(mmedia);
    setAcknowledgement(text, recipient, acknowledgement);
    System.out.println(".");
  }
}


public static String getText()throws java.io.IOException {
  System.out.print("Enter text: ");
  return input.readLine();
}


public static Boolean getMultimedia()throws java.io.IOException {
  String yesNo;
  System.out.print("Do you want to attach a picture to the message?
[y/n]");
  yesNo = input.readLine();
  return (yesNo.charAt(0)=='y');
}

public static String getMultimediaAttach()throws
java.io.IOException {
  System.out.print("Enter Multimedia filename: ");
  return input.readLine();
}


public static String getRecipient() throws java.io.IOException {
  System.out.print("Enter recipient: ");
  return input.readLine();
}
```

```
  private static ArrayList<String> getRecipients() throws
java.io.IOException {
    String recipient = "*";
    ArrayList<String> recipients = new ArrayList<String>();
    System.out.println("[To finish, insert a blank recipient]");
    while (! recipient.equals("")){
      recipient = getRecipient();
      if (!recipient.equals(""))
        recipients.add(recipient);
    }
    return recipients;
  }


  public static Boolean getAcknowledgement()throws
java.io.IOException {
    String yesNo;
    System.out.print("Do you want to get a message when the message
is read? [y/n]");
    yesNo = input.readLine();
    return (yesNo.charAt(0)=='y');
  }


  private static void sendMessage(String text, String recipient) {
    // TODO Sending the message
    System.out.print("Email message ("+text+")");
      //in the case of SMS the println should be "SMS message..."
    System.out.print(" sent to "+recipient);
  }


  private static void attachMultimedia(String mmedia) {
    // TODO attach multimedia
    System.out.print(" with multimedia ["+mmedia+"]");
  }


  private static void setAcknowledgement(String text, String
recipient,
               Boolean acknowledgement) {
    System.out.print(" with");
    if (!acknowledgement) System.out.print("out");
    System.out.print(" acknowledgement request");
  }

}
```

4.8.7   FeatureIDE Program of Messages to Clients (2)

Hasieran (4.8.1 azpiatalean) deskribatzen den domeinuari lotutako
ezaugarri-diagrama eraiki *FeatureIDE* tresna erabiliz. Behin diagrama
sortuta, bi konfigurazio eraiki: bat aukera hauek dauzkana, SMS bidezko
mezuak eta mezuak jasotzearen baieztapena; eta beste bat, email mezuak

dauzkana eta gainera balizko aukera guztiak. Azkenik, ematen den Java kodean oinarrituta, *Main* klasearen *executeOption* funtzioko kodearen banaketa burutu, *Message* klasean bere atributu guztiak eta *Message*, *getMultimediaAttachment* eta *sendSingleMessage* funtzioak banatu, emandako kodean utzitako pistak erabiliz. Gainontzeko kodea programako zati amankomunean utzi.

4.9   Rural Houses

4.9.1   Use Cases of Rural Houses

Ondorengoko erabilpen-kasuen diagrama osatu, landetxeen domeinuaren enuntziatuaren (hori Softwarearen Ingeniaritza-1 irakasgaian erabilitakoa) eta ondoren gehitzen dugun deskribapenaren zehaztapenak kontuan hartuz. Kasu honetan 'osatu'-k esan nahi du erabilpen-kasuen diagramak "adornatzea", horrela beharrezkoa bada, egokia den estereotipoa jarriz eta erabilpen-kasuen artean elkarketak ezarriz.

Landetxeen domeinuko erabilpen-kasuen aldakortasuna modelatu nahi da. Eredu honetan badago administratzaileei lotutako erabilpen-kasu bat, landetxe baten deskribapenari elementu multimediak gehitzeko (*add multimedia info*) erabiliko dena. Domeinu honetan argazkiak bakarrik erabil daitezke (*add picture*), aukera hau beti egongo da eskuragai, edo gainera bideoekin (*add video*) ere osatu daitezke, edo errealitate birtualeko bisitekin (*add VR*), edo bi aukerekin ere.

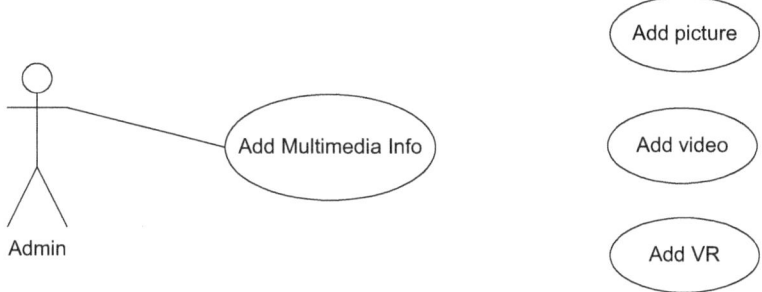

4.9.2   Class Diagram of Rural houses

Ondoren azaltzen den klase-diagrama osatu, landetxeen deskribapen grafikoa dela eta, aurreko ariketan aipaturiko aldaketa-puntuak errepresentatzeko. Kasu honetan 'osatu'-k esan nahi du klase berriak gehitzea (beren atributuekin), klaseak beren estereotipoekin "adornatzea" eta aipaturiko aldaketa-puntuentzako behar diren balizko elkarketak gehitzea. Hori guztia horrela beharrezkoa bada.

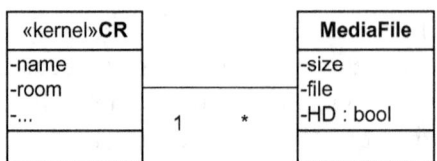

Picture
-resolution

«kernel»**CR**
-name
-room
-...

MediaFile
-size
-file
-HD : bool

1   *

Video
-length

VR
-format

4.10 Political System

4.10.1 Variability of Political System

Alderdi politiko baten kudeaketan lagunduko lukeen aplikazio bat garatu nahi da.

Aplikazioa, bere modurik sinpleenean alderdiaren afiliatuak kudeatzeko besterik ez du balio. Afiliatuen zerrenda lortzeko balio du, berriak txertatu edo aurretik dagoenaren bat ezabatzeko ere. Afiliatu bakoitzari kuotak helbideratzeko[11] aukera ematen zaio, hilero ordaintzeko, hiru hilabetez behin, sei hilabetez behin edo urtero. Sistemak alderdi politikoak alderdiari atxikitutako afiliatuak kudeatzea ahalbidetzen du, eta baita, alderdiak egokia irizten badio, bere jarraitzaileak (independienteak) ere. Horrela, jarraitzaileak kontuan hartuz, afiliatuak izan gabe erakunde politikoaren beste ekintza batzuetan parte hartu ahal duten pertsonen informazioa sisteman edukitzea posible izango da.

Era berean, sistemak alderdiaren zerrendak kudeatzeko aukera ematen du, ekintza politikoren batean (adibidez, udal hauteskundetan) parte hartzeko izango diren zerrendak kudeatzeko. Zerrenden aukera hartzen denean, kudeaketa modua erabaki behar da: eskuzko kudeatzea edo automatikoa. Eskuzko kudeaketan, zerrendak alderdiko administratzaileak osatzen ditu, hiri bakoitzeko afiliatuen artean hartu eta hautagaiak banan-banan gehituz. Kudeaketa automatikoan, zerrenden eratzea modu automatikoan egiten da, defektuz ematen diren algoritmoetako bat edo gehiago jarraituz: (1) adinaren arabera (zaharrenetik gazteenera); (2) berdintasunean oinarrituta (emakumeen eta gizonen kopuruak berdinak); (3) matxista (gizonezkoak bakarrik); (4) feminista (emakumezkoak bakarrik). Nabaria denez, (2), (3) eta (4) aukerak beraien artean bateraezinak dira.

Azkenik, alderdiei zerrenda bakoitzatik lortu dituzten hautetsien kalkulua egiteko funtzionalitatea eskaintzen zaie, *Dont legea* erabiliz egiten den kalkulua edo *banaketa proportzionala*. Aipaturiko bien artean bakarra aukera daiteke soilik, hala ere etorkizun hurbilean hautetsien kalkulurako metodo berriak gehitu daitezkeela kontuan hartzen ari da.

---

[11] Helbideratu: domiciliar

4.10.2 Use Cases of Political System

Ondorengoko erabilpen-kasuen diagramak osatu, jarraian zehazten diren deskribapenak eta 4.10.1 azpiataleko ezaugarri diagrama kontuan hartuz. Osatuk esan nahi du erabilpen-kasuen diagramak "adornatzea", egokia den estereotipoa jarriz eta aipaturiko erabilpen-kasuen artean elkarketak ezarriz. Hori guztia horrela beharrezkoa bada.

Eraiki nahi den kudeaketa sistemak afiliatuen txertaketarako (*Insert a Member*) funtzionalitatea eskaintzen du, jarraitzaile edo independienteen txertatzea (*Insert an Independent*) ere, eta baita hautagaitzen zerrendak sortzea (*Create a List*) ere. Afiliatuak eta jarraitzaileak txertatzean hainbat datu eskatuko dira, hala nola, na zenbakia, izena eta helbidea. Hauteskundeak prestatzeko garaitan txertatze horiek masiboak izan daitezkeenez, listen kudeaketa duen sistema batean, afiliatua/jarraitzailea txertatzean pertsona horrek hautagaitzaren batean parte hartuko ote duen ere galdetuko da, kasu horretan dagokion zerrendan gehitu (*Add a Person to a List*) beharko delako. Hautagaitzen zerrendak sortzean (*Create a List*) erregistraturiko afiliatuen zerrenda lortuko da (eta sistemak hala onartzen badu, independienteen zerrenda ere), eta horien artean aukeratu eta zerrendan gehituz joango da (*Add a Person to a List*). Sistemak zerrendatan jarraitzaileak sartzea onartzen badu, hautagaitza sortzeko unean jarraitzaile berri baten txertatzea erabaki daiteke.

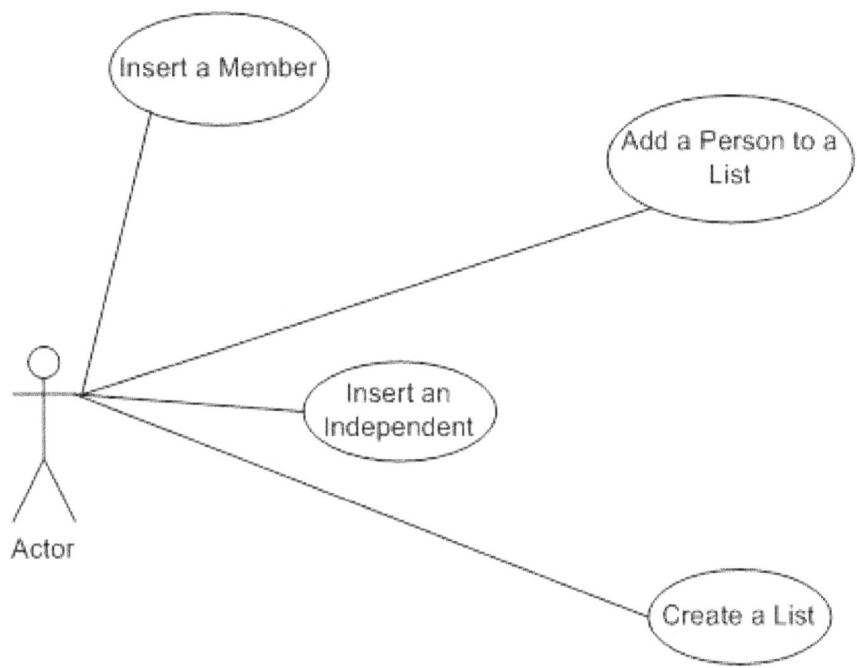

Kudeaketa sistemak **Create a List** EK-aren (*zerrenda bat sortu*) funtzionalitatea eskaintzen du, hautagaien zerrendak sortzeko. Lehenik eta behin hautagaitzaren izena eskatzen du, eta behar diren datak ere (zerrenda ixteko epe-muga dena y eta zerrenda sortzen ari den hauteskundeen data), ondoren, sorrera eskuzkoa ala automatikoa denaren arabera, **Select and insert candidates** (*haugaiak hautatu eta txertatu*) EK-arekin afiliatuen zerrenda erakusten da eta hautatzen joateko aukera ematen da, erabiltzaileak bukatzea erabakitzen duen arte, ala alternatiboki, **Generate automatically** (*automatikoki sortu*) EK-arekin zerrenda osatuko duten hautagaien kopurua eta erabili beharreko irizpidea eskatzen dira, eta ondoren zerrenda automatikoki sortzen da.

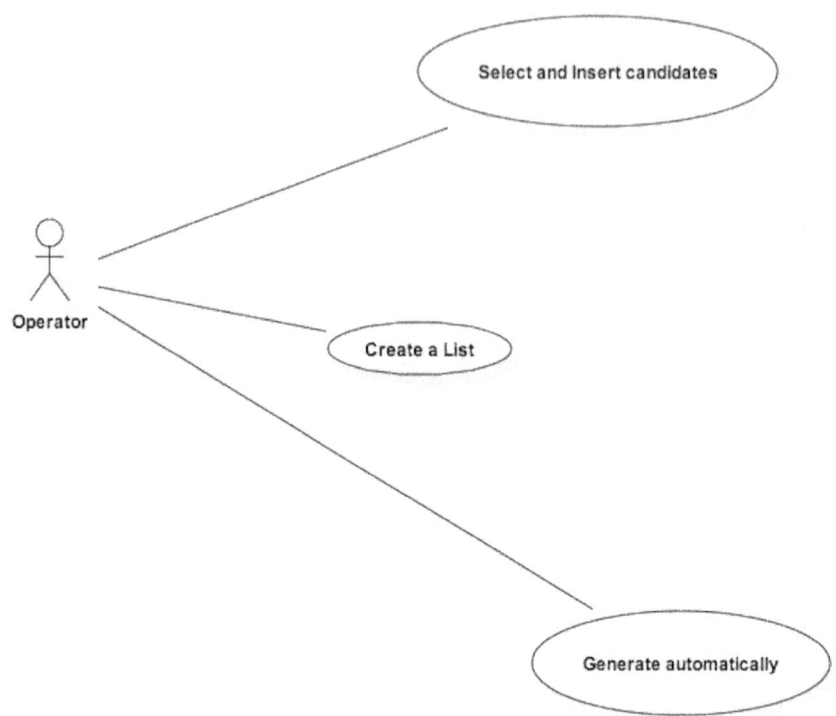

4.10.3 Class Diagram of Political System

Ondorengoko klase diagrama osatu, 4.10.1 azpiataleko ezaugarri diagramak erakusten duen aldakortasunarekin bat etor dadin. 'Osatu'-k esan nahi du klaseak "adornatzea", egokia den estereotipoa jarriz eta aipaturiko klaseen artean elkarketak ezarriz. Hori guztia horrela beharrezkoa bada, eta gehiago gehitu gabe.

Sistemak hautagaien zerrendak (*List*) kudeatu ditzake. Hautagai horiek afiliatuen artean (*Affiliate*) hauta daitezke, edota independente edo jarraitzaileen (*Independent*) artean ere sistemak aukera hori eskaintzen duenean. Guztien nortasun agiria, izena, helbidea eta curriculum vitae (CV) delakoaz gainera, afiliatuen kasuan bankuko datuak ere erregistratuko dira, hileko kuota kobratu ahal izateko, eta independenteen kasuan, pertsona horri abala ematen dioten bi afiliatuen izena biltegiratuko da.

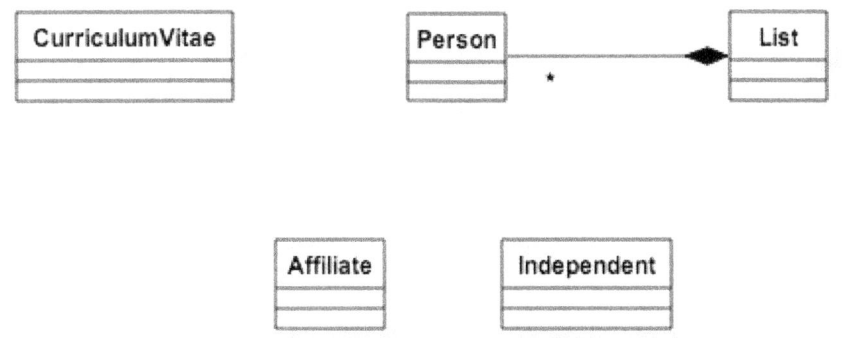

4.10.4 FeatureIDE Program of Political System

Hasieran (4.10.1 azpiatalean) deskribatzen den domeinuari lotutako ezaugarri-diagrama eraiki *FeatureIDE* tresna erabiliz. Behin diagrama sortuta, hiru konfigurazio eraiki: lehenengoa (*default* izenarekin), aukera hauek dauzkana: afiliatuen kudeaketa eta hautagaien zerrenden eskuzko kudeaketa; bigarrena (*common* izenarekin), zati amankomuna besterik ez daukana; eta hirugarrena (*full* izenarekin), balizko aukera guztiak dauzkana. Azkenik, ematen den Java kodea aztertu eta kodearen banaketa burutu, enuntziatuko ezaugarri diagramaren arabera.

4.11 Sporting Events

4.11.1 Variability of Control System for Sporting Events

Honako domeinuaren aldakortasuna: ***kirol ekitaldien kontrol-sistema.***

Planteatzen den kontrol sistema aire zabalean burutzen diren kirol ekitaldietarako pentsatuta dago eta baita eraikin bateko barnealdean burutzen direnetarako ere. Sistemak ekitaldiaren barnean erabiltzen diren kameren telebista seinaleak kudeatzen ditu. Horiek pertsonek maneiatutako kamerak dira beti, eta gainera, urruneko kontrol bidezko kamerak ere gehitu daitezke. Bestalde, beharrezkoa balitz, kirolarien markak erregistratzen ditu sistemak.

Produktu-lerroko kide batzuek denbora kontrolatu behar dute (futbol partidak, kotxe lasterketak, ... bezalako ekitaldietarako) eta beste kide batzuek berriz ez (golf bezalako ekitaldietarako). Gainera, denboraren kontrola automatikoki egin daiteke transponder delakoak erabiliz, tramankulu horiek kirolariengan edo beren ibilgailuetan kokatuz (adibidez, korrikalariak helmuga gainditu duen jakiteko).

Kontuan hartzen den beste aukera bat GPS bidez kirolariak lokalizatzea da (adibidez, 1 Formulako kotxetarako).

Urruneko kontrol bidezko kamerak automatikoki maneia daitezke (programa batek kamera kontrolatuko du) ala eskuz (pertsona batek urrunetik kontrolatuko du, aplikazioak eskaintzen dituen funtzioen bitartez). Kontuan hartzen diren kamera mota desberdinak honakoak dira: (1) fotofinish kamerak, helmugarainoko heltzeak oso doiak diren kasuetan erreklamazioei erantzuna eman ahal izateko; (2) *onBoard* kamerak, ekitaldiko parte-hartzaileen ibilgailuen barruan kokatzen direnak; (3) garabi baten besoaren muturrean kokatzen direnak, besoa artikulatua izan daiteke, luzatu eta era mugatuan mugi daiteke; (4) ikuspuntu zenitala duten kamerak (*skyCam*), eremu zehatz baten barnean imajinak bertikalean hartzea ahalbidetzen dutenak, hortaz barnealdeko ekitaldietan bakarrik funtzionatzen dute; eta (5) dronetan kokaturiko kamerak, kanpo aldeko ekitaldietan bakarrik funtzionatzen dutenak. Dronek elementu gehigarriak izan ditzakete, esaterako GPS-a, bere mugimenduak gidatzeko eta bere kokapenaren berri emateko. Altueraren kontrolerako sistemak ere, duten posizio bertikala mugatzea ahalbidetzen dutenak. Azkenik, aire eremu berean nabigatzen hainbat dron dauden kasuetarako, dronei talken kontrolerako sistema gehitzea eskaintzen da. Talken kontrolerako sistemak alternatibo diren hiru teknologia erabil ditzake: (1) radarra, dronak zein oztoporen aurka talka egin dezakeen detektatzen duena; (2) wifi igorle/hartzailea, beste dron batzuekin elkarrizketa edukitzea ahalbidetzen duena, bere kokapena eta altuera zein diren adierazteko; eta (3) kontrol-dorrea, dron bakoitzaren posizioa eta altuera jaso eta beraien artean talkarik ez dela gertatuko bermatzen duena. Noski, talken kontrolak gailu hegalarian (dronean) GPS bat eta altueraren kontrolerako sistema bat izatera behartzen du, wifi-aren nahiz kontrol-dorrearen modalitateetan.

4.11.2 Use Cases of Control System for Sporting Events

Bedi ezaugarri diagramaren honako zatia.

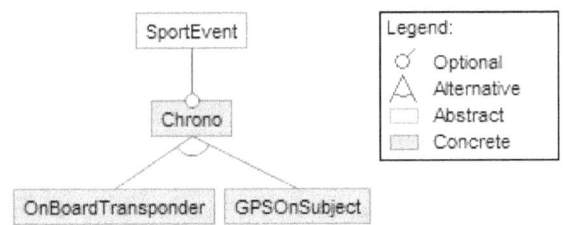

Ondorengoko erabilpen-kasuen diagramak osatu, aurreko ezaugarri diagrama eta jarraian zehazten diren deskribapenak kontuan hartuz. Osatuk esan nahi du erabilpen-kasuen diagramak "adornatzea", egokia den estereotipoa jarriz eta aipaturiko erabilpen-kasuen artean elkarketak ezarriz. Hori guztia horrela beharrezkoa bada.

Show Current Classification (*uneko sailkapena erakutsi*) izeneko EK, *chronos* (*denbora*-kontrola) ezaugarrian oinarrituta, bi era alternatibotara gauzatzen da aukeratutako ezaugarriaren arabera: (1) parte-hartzaileak ordenatzearren denborarako *onboard transponder*-a erabiltzen denean, parte-hartzaile bakoitzeko ***Locate Last Checkpoint*** (*azken checkpoint lokalizatu*) EK egikaritzen da, parte-hartzailea azkena zein kontrol-puntutik (*checkpoint*) pasa den eta noiz izan den adierazten duena; (2) parte-hartzaileak kokatzeko GPS-a erabiltzen denean, ***Locate Participant by GPS*** (*parte-hartzailea GPS bitartez lokalizatu*), parte-hartzaile bakoitzaren GPS *transponder*-arekin komunikatzen dena, bere posizioa zein den adieraz dezan, eta horrela sailkapena edo ranking-a ezartzeko.

Show Participants (*parte-hartzaileak erakutsi*) izeneko EK beti, une oro, dago eskuragai. Egikaritzen denean, parte-hartzaile bakoitzaren datuak lortzen dira, **Show Participant** (*parte-hartzailea erakutsi*) EK-aren bitartez. Parte-hartzaile bakoitzarengatik GPS gailu bat egonez gero (*GPSOnSubject*), operatzaileak **Show Map** (*mapa erakutsi*) EK egikaritzea erabaki dezake. Honek zirkuitua mapa batean erakusten du eta gainera parte-hartzaile bakoitzaren uneko kokapena, denbora errealean, marrazten du, **Locate Participant** (*parte-hartzailea lokalizatu*) EK-aren egikaritzapenaren bitartez. Hau parte-hartzailearen GPS gailuarekin konektatzen da uneko bere koordenatuak zeintzuk diren jakiteko.

Bedi ezaugarri diagramaren honako zatia.

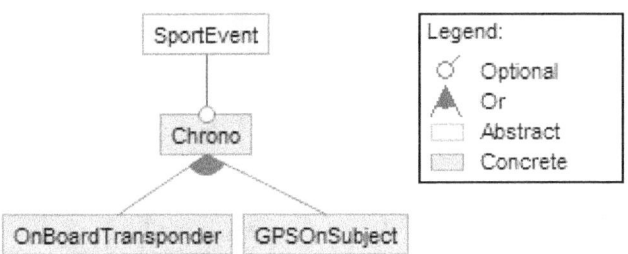

Ondorengoko erabilpen-kasuen diagrama osatu, ezaugarri diagrama hori eta jarraian zehazten den deskribapena kontuan hartuz. Osatuk esan nahi du erabilpen-kasuen diagramak "adornatzea", egokia den estereotipoa jarriz eta aipaturiko erabilpen-kasuen artean elkarketak ezarriz. Hori guztia horrela beharrezkoa bada.

Show Current Classification (*uneko sailkapena erakutsi*) izeneko EK-ak lasterketa bateko parte-hartzaileen sailkapena erakusten du. *chronos* (*denbora*-kontrola) ezaugarrian oinarrituta, eskuragai dauden posibilitateen artean hautatzen uzten du. Horrela, operatzaileak bi EK-en artean aukera dezake: parte-hartzaile guztien gainean **Locate Participant by GPS** (*parte-hartzailea GPS bitartez lokalizatu*) EK erabiltzea, edo, aldiz, alternatiboki, **Locate Last Checkpoint** (*azken checkpoint lokalizatu*) EK erabiltzea aukera dezake, honek parte-hartzailea azkena zein kontrol-puntutik (*checkpoint*) pasa den eta noiz izan den adierazten du. Lehen aukera eskaintzen da parte-hartzaileentzat edo beraien ibilgailuentzat sistemak GPS-a onartzen duenean (*GPSOnSubject*), eta bigarrena, berriz, parte-hartzaileentzat edo beraien ibilgailuentzat sistemak *transponder*-ak onartzen dituenean (*OnBoardTransponder*).

4.11.3 Class Diagram of Control System for Sporting Events

Bedi ezaugarri diagramaren honako zatia.

Ondorengoko klase diagrama osatu, ezaugarri diagramak erakusten duen aldakortasunarekin bat etor dadin. 'Osatu'-k esan nahi du klaseak "adornatzea", egokia den estereotipoa jarriz eta aipaturiko klaseen artean elkarketak ezarriz. Hori guztia horrela beharrezkoa bada, eta gehiago gehitu gabe.

Sistemak kirol proba eta bere parte-hartzaile guztiak errepresentatzen ditu beti. Diagramak ibilbide zehatz bat eskatzen duten probak errepresentatzen ditu; eta probaren ibilbidea bi modu alternatibotan gordetzen da: (1) ibilbidean zehar kokaturiko kontrol-puntu batzuen zerrendaren (*CheckpointList*) bitartez (adibidez, 2 kilometrotik behin kokatzen diren kontrol-puntuak); edo (2) GPS ibilbide (*GPS Path*) bat osatuz, metodo hau izango da *GPSOnSubject* ezaugarria aukeratu bada soilik. Denbora-kontrolaren (*Chronos*) ezaugarria aukeratzen denean, sistemak parte-hartzaile bakoitzaren ibilbidean zehar denbora erregistratzen du (erregistro bat *checkpoint* bakoitzean). GPS aukera dagoenean, sistemaren portaera desberdina da, sistemak parte-hartzailearen posizioa denbora-tarte berdinetan grabatzen baitu (adibidez, beti 5 segundotik behin).

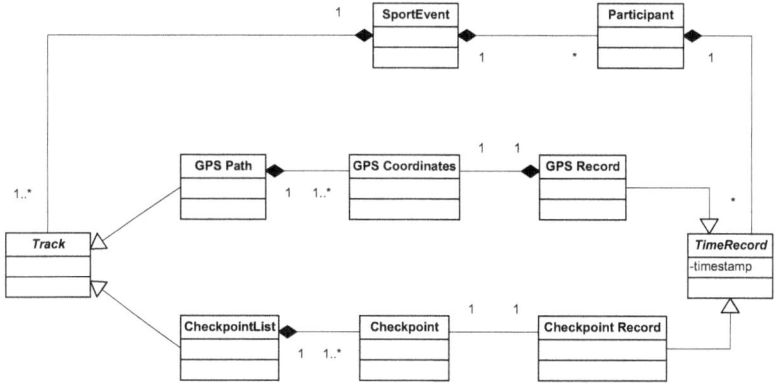

4.12 Transport Authority

4.12.1 Variability of Control System for Transport Authority

Honako domeinuaren aldakortasuna: garraioaren *agintaritzarako kontrol-sistema*

Garraioaren agintaritzari baliogarria izango zaion softwarea eraiki nahi da, kontrolerako software edo sistema hau hiri barruko garraioan parte hartzen duten elementuetan aplikatuko da. Jarraian, antzematen diren aukeretako batzuk deskribatzen dira. Softwareak garraioarengatik defektuz tarifa bakarra kobratzen du, hasierako eta bukaerako geltokiak zeintzuk diren kontuan hartu gabe. Aukeran eremuetan oinarrituriko tarifa kontuan har daiteke. Honek prezioak aldatzen ditu hasierako eta bukaerako geltokien eremuak kontuan hartuz. Bidaiariek txartel pertsonal eta besterenezinak[12] erabiltzen dituzte, horien bitartez identifikatuak izango dira garraiora igotzean (tarifa bakarra) ala igotzean eta jaistean (eremukako tarifa).

Bidaia bat ordaintzeko, bidaiariak bere txartela ibilgailu bakoitzean kokatutako makina irakurlera hurbildu behar du. Makina irakurleek txartelako txipa irakurtzeko eta idazteko gailu bat dute, eta, batzuetan, LCD display txiki bat ere badaukate, bidaiariari mezu bat erakusteko (esaterako, geratzen zaion saldoa, bus-aldaketa egiten ari ote den, ...).

Garraioaren agintaritzak kasu bereziak kontuan har ditzake, eta zenbait giza-talderi onurak dituzten txartelak eskaini (famili ugariei, erretirodunei, ikasleei, langabeei, ...)

Era berean, ibilgailu desberdinen artean (eta denbora tarte baten barnean) bus-aldaketak egiteko aukera kontuan har daiteke, bus-aldaketa hori kosturik gabekoa izan daiteke ala deskontu finko batekin (bidaia osoa osatzen duten bidaien artean merkeenari aplikatuta). Bus-aldaketa mugagabea izan daiteke (nahi adina bidaia) edo aurretik finkaturiko muga batekin (adibidez, gehienez ere kateatutako 3 bidaia). Bus-aldaketaren aukerak gailu irakurleek *display* delakoa edukitzea beharrezkoa du, bidaiariei behar bezala informatu ahal izateko.

---

[12] intransferible

© A. Irastorza Goñi & T. A. Pérez Fernández

Txartelen kargarako sistema kontaktu bidezkoa da, eta beraz, txartelen irakurketa eta idazketarako gailuak dauzkaten lokaletan egin ahal izango da soilik (oraingoz, asoziaturiko dendatan eta kutxazain automatikotan). Etorkizun hurbilean "kontakturik gabeko kargak" egiteko aukera gehitzea aztertzen ari da. Hau da, txartela bitarteko birtualak erabiliz kargatzea, esaterako internet bidez edo telefono mugikorretarako aplikazio baten bidez. Aurreikusitako diseinuan sistema nagusiak mugimendua erregistratzen du, baina txartela eguneratzeko gero irakurketa/idazketarako gailu bat atzitu beharko da. Kasu horretan, karga burutu ondoren lehen ordainketa egin aurretik, txartelaren saldoa makina irakurlean eguneratu behar dugula abisatu egin beharko zaio gidariari.

Balio erantsia eskaintzen duten moduluen artean mugikorretarako aplikazioa edukitzeko aukera dago. Horrek erabiltzailea garraio publikoa erabiltzen ari dela detektatuko luke eta bidaian doanean, denbora errealean, hurrengo geltokien inguruan informazioa emango lioke. Aplikazio horretan bertan, erabiltzaileak nora joan nahi duen adieraziko balu, aplikazioak berak geltoki egokiena zein izango litzatekeen erabakitzen lagunduko lioke. Gainera helmugara iristear dagoela abisatzeaz arduratuko litzateke, gidariari gelditzea eskatuko lioke (ibilgailuan beste gailurik ukitu behar izan gabe), eta dagokion geltokian jaitsi dela abisatzeaz ere (berriz txartela erakutsi behar izan gabe).

4.12.2 Use Cases of Control System for Transport Authority

Bedi ezaugarri diagramaren honako zatia.

Ondorengoko erabilpen-kasuen diagrama osatu, aurreko ezaugarri diagrama eta jarraian zehazten den deskribapena kontuan hartuz. Osatuk esan nahi du erabilpen-kasuen diagramak "adornatzea", egokia den estereotipoa jarriz eta aipaturiko erabilpen-kasuen artean elkarketak ezarriz. Hori guztia horrela beharrezkoa bada.

Pass Card (*txartela pasa*) izeneko EK-ak *Check card* EK-aren bitartez txartelaren datuak jasotzen ditu, eta, eremukako tarifikazioa kontuan hartzen ez bada, gero *Get On* EK egikaritzen du. Hainbat eremu kontuan hartzen direnean, tarifa kalkulatzeko, bidaiari bakoitza igotzean eta jaistean ibilgailuaren posizioa egiaztatu behar du, eta horretarako, txartelen erregistroan azken 60 minutuetako datuak ikuskatzen ditu, txartel hori lehendik erregistratuta ba ote dagoen ikusteko. Txartela erregistroan agertzen bada, bidaiaria jaisten ari dela kontsideratzen da eta *Get Off* EK egikaritzen da. Alternatiboki, aurreko erregistrorik ez badago, ibilgailura igotzen ari dela ulertzen da eta *Get On* EK egikaritzen da (kasu horretan, kobratuko den zenbatekoa bidaiariak egin dezakeen bidaia luzeenari dagokiona da).

Get On (*igo*) izeneko EK-ak erregistro berri bat sortzen du: txartelaren zenbakia eta ibilgailuaren posizioa apuntatzen ditu. Bidaiaren tarifari dagokion zenbatekoa txartelatik deskontatzen da (tarifikazioa eremukakoa bada, zenbateko hori bidaiaren kostu maximoa da) eta txartelean saldo berria idazten da. Saldoa erakusteko aukera eskuragai badago, *Show Balance* EK-aren bitartez saldoa erakusten du.

Get Off (*jaitsi*) izeneko EK-ak bidaiariaren bidaiaren erregistroa osatzen du. Igaro diren eremuak kalkulatzen ditu eta ibilgailura igotzean deskontaturiko tarifa zuzentzen du. Txarteleko saldoa zuzentzen du, eta, saldoa erakusteko aukera eskuragai badago, *Show Balance* EK-aren bitartez saldoa erakusten du.

Check Card (*txartela egiaztatu*) izeneko EK-ak txartelaren zenbakia irakurtzen du eta ibilgailuaren uneko posizioa apuntatzen du, GPS batek erregistratzen dituen datuen arabera.

Show Balance (*saldoa erakutsi*) txartelaren saldoa kontsultatzeaz arduratzen da, eta makina irakurlearen *display*-aren bitartez erakusteaz.

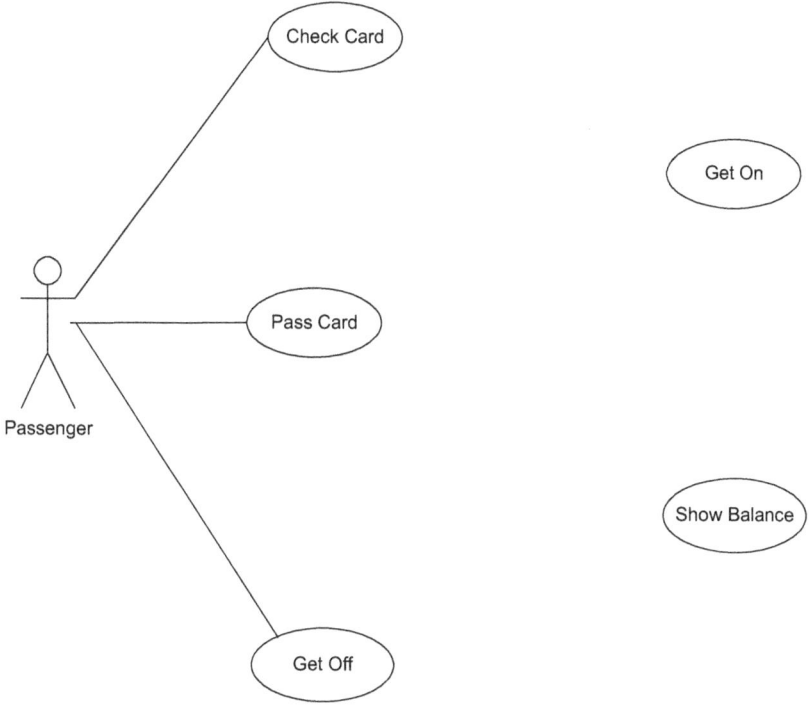

4.12.3 Class Diagram of Control System for Sporting Events

Bedi ezaugarri diagramaren honako zatia.

Ondorengoko klase diagrama osatu, ezaugarri diagramak erakusten duen aldakortasunarekin bat etor dadin. 'Osatu'-k esan nahi du klaseak "adornatzea", egokia den estereotipoa jarriz eta aipaturiko klaseen artean elkarketak ezarriz. Hori guztia horrela beharrezkoa bada, eta gehiago gehitu gabe.

Ibilgailu bakoitzak erregistroa (*VehicleRecord*) darama, bidaiako biletea ordaintzeko erakutsi diren txartel guztien erregistroa (*TripRecord*). Eremuak kontuan hartzen ez direnean, erregistroan txartelaren zenbakia (*cardNumber*) biltegiratzen da, ordua (*timestamp*) eta txartela erregistratzeko unean ibilgailuak duen posizioaren koordenatuak (*longitude, latitude*) ere. Eremuak kontuan hartzen direnean, gainera, jaisterakoan txartela erregistratzen deneko posizioa eta ordua ere biltegiratzen dira.

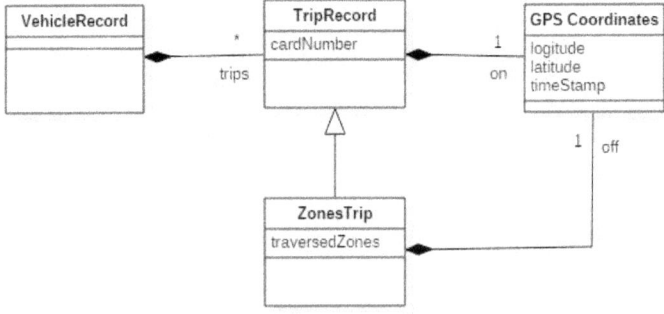

4.13 Connected Cars

4.13.1 Variability of Control System for Connected Cars

Honako domeinuaren aldakortasuna: ***Ibilgailu konektatuentzako kontrol-sistema.***

Ibilgailu konektatu (connected car) bat Internetera eta beste sare batzuetara atzipena duen ibilgailua da. Ibilgailuak Interneterako atzipena beste gailu batzuekin partekatzen du, barneko gailuak nahiz kanpokoak izan, betiere gidariari zenbait abantaila eskaintzeko.

Ibilgailu orok komunikazioa eskaini behar dute, beraien arten baztertzaileak ez diren bi teknologiatako batean gutxienez oinarrituz. *V2V* teknologiak bi ibilgailuk beraien artean harremanetan jartzea, komunikatzea ahalbidetzen du, adibidez, gure aurretik dugun kotxeak bat-batean balaztatu, frenatu duen jakiteko. *V2I* teknologiak ibilgailuek inguruko azpiegiturako elementuekin komunikatzea ahalbidetzen du, adibidez, semaforoa zenbat denbora gehiago egongo den berdean jakiteko. Komunikaziorako, alternatiboak diren bi protokolo definitu dira: *DSRC (Dedicated Short Range Communication)* eta WAVE *(Wireless Access in Vehicular Environments)*. Eskaintzen diren funtzionalitateak *gidatze autonomoko ibilgailuak* lortzeko helburuari bideratuta daude, halere, oraingoz, *gidatze laguntzaile edo morroi* moduan eskaintzen dira. Sinplifikatzearren, hemen funtzionalitate batzuk bakarrik komentatuko dira, elkarren artean baztertzaileak diren bi gailurekin zerikusia dutenak soilik azalduko dira: radarrak eta kamerak. Kotxe konektatu batek eduki ditzakeen funtzionalitateak aukerakoak dira, denak, funtzionalitate hauetatik bat edo gehiago eduki dezake: (1) *FCW (Forward Collision Warning)*, edo aurrez aurreko talkaren abisua, gidariari abisatzen dio baldin eta honek ez badu balaztatzen bere ibilbidean oztopo batekin aurrez aurre talka egiteko arriskua dagoenean; (2) *LCW/BSW (Lane Change Warning / Blind Spot Warning)*, edo errei aldaketaren abisua / puntu itsuaren abisua, kamera dagoenean soilik eskuragai, gidaria erreiaz aldatzen saiatzen ari dela eta ikusi ezin duen beste kotxe bat aurreratzen ari zaiola adierazten du; (3) *EEBLW (Emergency Electronic Brake Light Warning)*, edo balazta argiarengatiko larrialdiko abisu elektronikoa, aurreko ibilgailua arrazoiren batengatik bat-batean, zakarki, balaztatzen ari ote den abisua ematen dio gidariari; (4) *IMA (Intersection Movement Assist)*, edo bidegurutzean mugimendurako laguntzaile edo morroia, honek radarra erabiltzen du eta bidegurutze batean sartzea segurua ez denean gidariari abisatzen dio (adibidez, kontrako norabidean edo zeharkakoan trafikoa dagoenean).

Kotxe konektatuek geolokalizazioan oinarritzen diren zenbait ezaugarri dituzte. Larrialdiko abisua funtzionalitate bat da, Europar Batasunean 2017ko hasieratik aurrera saldutako ibilgailu guztietan derrigorrezkoa izatera pasako dena. Ibilgailu konektatuek botoi gorri bat eskuragai izan behar dute, larrialdi kasuan aktibatu ahal izateko. Bi era desberdinetara aktiba daiteke, fabrikan bertan aurretik programatutakoak: dei telefoniko baten bitartez, ala datu konexio baten bitartez. Konexio telefonikoan, era berean, deiaren jasotzailea zein izango den ere programatuko da, bi hauetatik bat: kotxearen markaren gunea (zentralita) edo 112 zenbakia, erabakia kotxea salduko den estatu edo herrialdearen marka-sukurtsalak hartuko du, estatuko azpiegituraren arabera. Konexioa datuen bitartekoa denean, istripua izan duen kotxearen posizio geografikoa bidaltzen da. Baina, datuengatiko hilabeteroko kuotan gehikuntza txiki bat eginez, datu gehiago bidal daitezke, hala nola, ibilgailua zein egoeratan dagoen adieraztea (adibidez, iraulita, azpikoz gora, ...), jasandako kalteak, eta bidaiarien zerrenda, beren oinarrizko sendagile historialarekin. Datu horiek guztiak aukerako ezaugarri berdinari dagozkio. Geolokalizaziorekin erlazionatutako aukerako beste funtzionalitate batzuk ibilgailuaren lokalizazioa eta desaktibatze geografikoa dira. Lehenengoarekin ibilgailuaren jabeak uneoro bere ibilgailuaren kokapen zehatza zein den jakingo du (adibidez, non dagoen aparkatuta jakiteko). Bigarren aukerarekin ibilgailuaren desaktibatze automatikoa egiten da, kokapen geografikoaren arabera; horrela, aurretik programatu diren muga geografikoak gainditzen badira (esaterako, etxetik 20 Km baino gehiago urrunduz gero) ibilgailua geldiarazten da

4.13.2 Use Cases of Control System for Connected Cars

Ondorengoko erabilpen-kasuen diagrama osatu, aurreko ezaugarri diagrama eta jarraian zehazten den deskribapena kontuan hartuz. Osatuk esan nahi du erabilpen-kasuen diagramak "adornatzea", egokia den estereotipoa jarriz eta aipaturiko erabilpen-kasuen artean elkarketak ezarriz. Hori guztia horrela beharrezkoa bada.

Sistemak gidaria kotxean sartu dela detektatzen duenean **Get On** (*igo*) izeneko EK egikaritzen da. Une horretan barneko kamera (baldin badago) aktibatzen da, gidaria identifikatu ahal izateko, **Identify Driver** EK-ren bitartez. Behin pertsona detektatu ondoren, ezaguna izanez gero (hots, ibilgailua jadanik erabili duena, eta bere aurpegia bere profilean erregistratuta dagoena), orduan kotxea gidariaren ezaugarrietara doitzen da: eserlekuaren eta bolantearen altuerak, atzerako ispiluak (kanpokoak eta barnekoak), etab. Horretarako **Adjust Settings** EK erabiltzen da. Pertsona ezaguna ez bada, elementuak doitu eta konfigurazio hori hurrengo baterako erregistratzeko aukera ematen zaio, **Create New Profile** EK-ren bitartez.

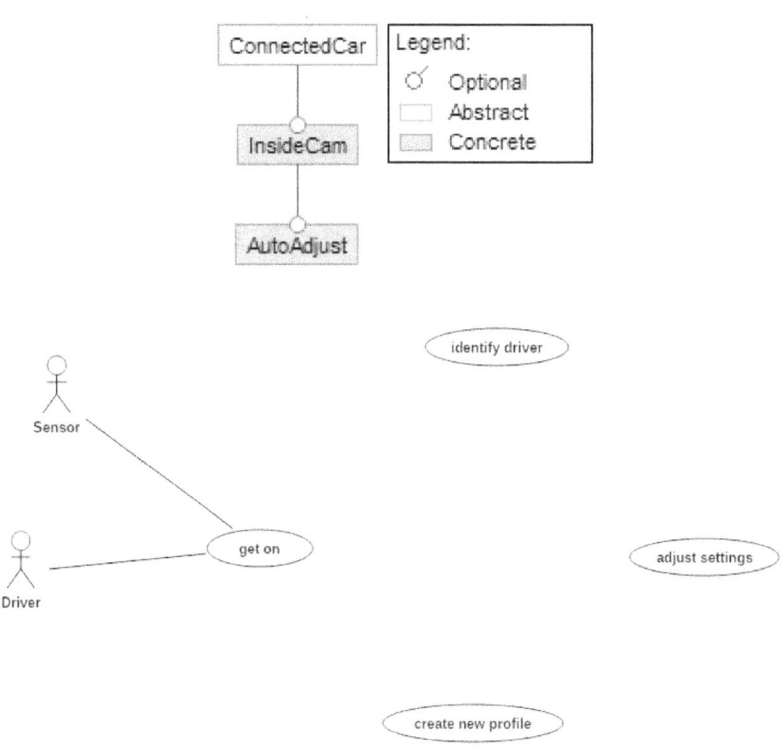

Istripuen sentsoreak kolperen bat, edo posizioaren edo abiaduraren bat-bateko aldaketa bat detektatzen duenean, **Emergency** (*larrialdia*) izeneko EK egikaritzen da. Hau kontrol-gunearekin konektatzen da (programatuta dagoen gunearekin) eta ibilgailuaren kokapenaren inguruko datuak pasatzen dizkio, horretarako **Send Data** (*datuak bidali*) EK erabiliz. Sisteman *ExtraInfo* izeneko aukera konfiguratu bada, datu gehigarriak bidali behar dira. Ibilgailuko bidaiariak identifikatzen dira, **Identify Passengers** (*bidaiariak identifikatu*) izeneko EK bitartez eta honek horietarako biltegiratutako osasun informazioa bidaltzen du, **Send Data** EK erabiliz. Ondoren, **Report Damages** (*kalteen berri eman*) izeneko EK egikaritzen da, ibilgailuaren diagnosi sistemekin konektatzen da, sortu diren kalteen neurria jakin eta bidaltzeko, berriz ere **Send Data** EK erabiliz. Azkenik, ibilgailuaren inklinazio edo okertasuna egiaztatzen da, **Check Inclination** (*inklinazioa egiaztatu*) izeneko EK-aren bitartez, eta honek dagozkion datuak **Send Data** EK erabiliz bidaltzen ditu.

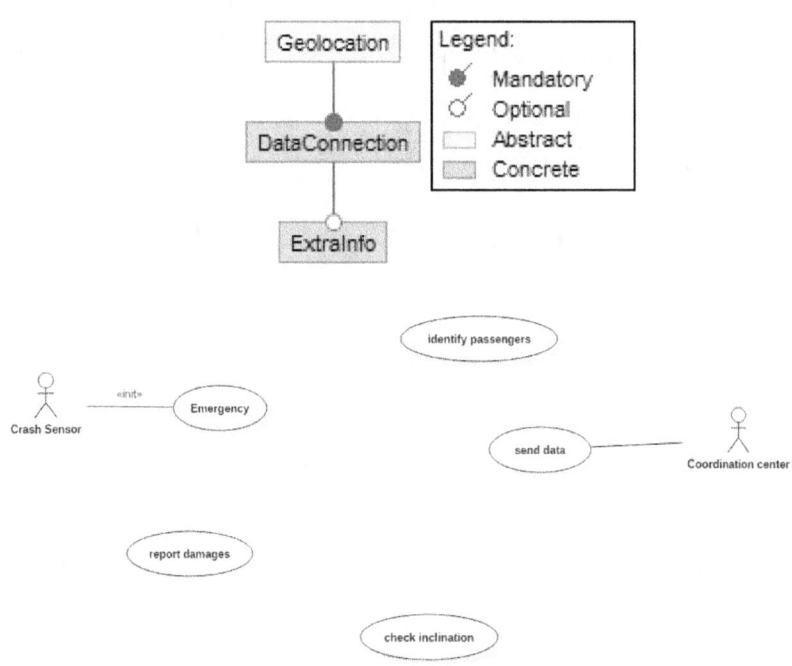

Behin *ParkAssist* ezaugarria aktibatuta, bere funtzionalitatea **Park Assist** (*aparkatzen lagundu*) EK-aren bitartez egikaritzen da. Lehendabizi gidariak aparkatu nahi duen tokia aurkitu behar du, eta sistemari bere kokapena, eta lerroan den ala baterian den adieraziko dio. Une horretatik aurrera, EK-ak aparkamendua burutzeko behar diren mugimenduak zehaztuko ditu. Erabilpen-kasu honetan kotxearen mugimendua **Move Vehicle** (*ibilgailua mugitu*) EK-aren bitartez kontrolatzen da. Ibilgailuaren mugimenduak **Detect Obstacle** (*oztopoa detektatu*) EK erabiltzen du. EK honek interfaze bera du, baina era desberdinetara aurrera egingo du, sistema nola konfiguratu denaren arabera, Radarrarekin (***Detect Obstacle Radar*** EK) ala bideo-kamerarekin (***Detect Obstacle Camera*** EK)

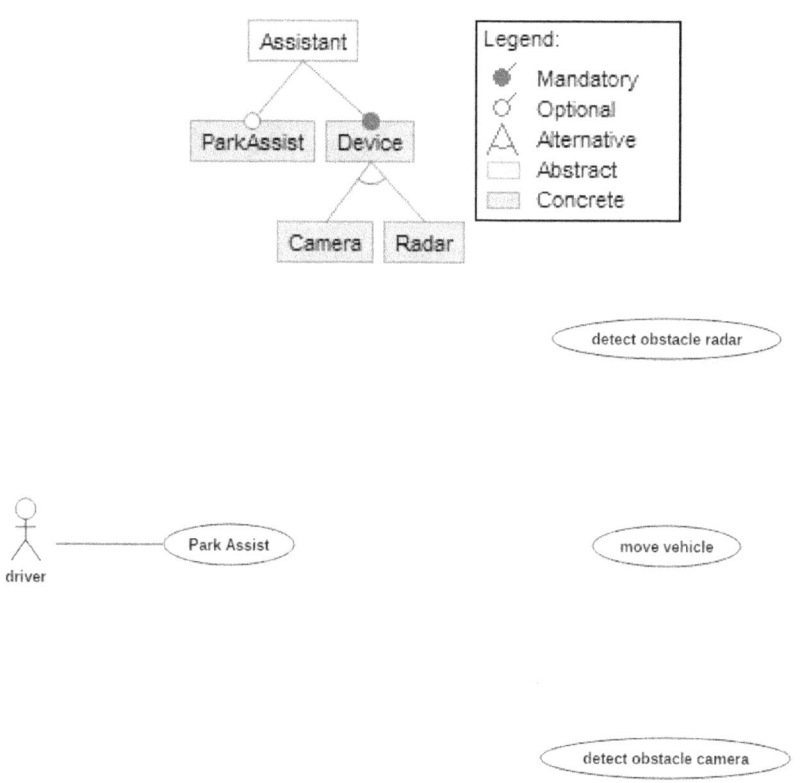

4.13.3 Class Diagram of Control System for Connected Cars

Ondorengoko klase diagrama osatu, ezaugarri diagramak erakusten duen aldakortasunarekin bat etor dadin. 'Osatu'-k esan nahi du klaseak "adornatzea", egokia den estereotipoa jarriz eta aipaturiko klaseen artean elkarketak ezarriz. Hori guztia horrela beharrezkoa bada, eta gehiago gehitu gabe.

Sistemak barneko kamerak edukitzeko aukera duenean, bidaiarien profilen bilduma biltegiratzen da. Bidaiari bakoitzak osasun txosten bat du, bere osasunaren inguruko zehaztasunak biltzen dituena, hala nola, bere odol-taldea, alergiak, etab. Gainera, *AutoAdjust* aukerari lotuta, bidaiari bakoitzak, kotxearen elementu desberdinekin, doiketarako hainbat preferentzia ditu; aipatu elementu horiek dira: eserlekua *(seat)*, bolantea *(steering wheel)*, barneko ispiluak *(inner mirror)* eta kanpoko ispiluak *(outer mirror)*.

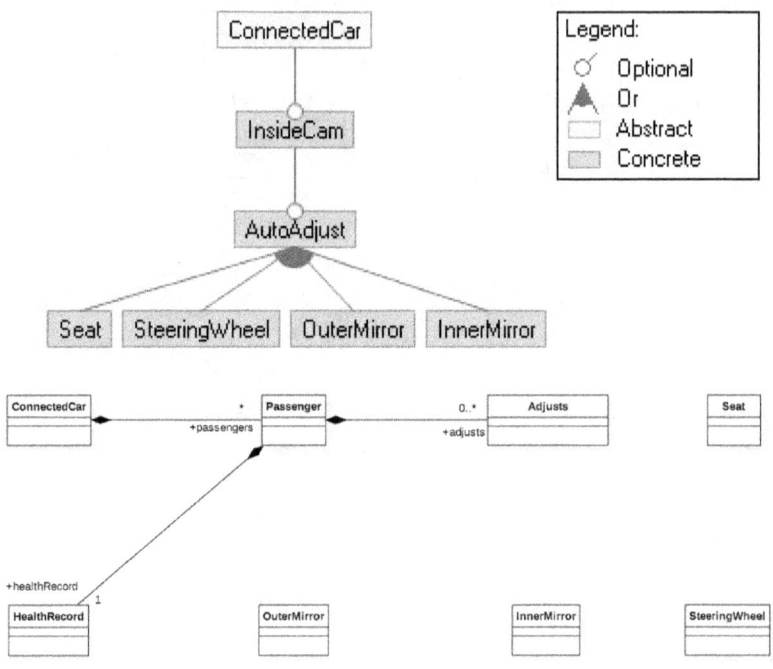

4.14 Auto Repair Shops

4.14.1 Variability of Management System for Auto Repair Shops

Honako domeinuaren aldakortasuna: Ibilgailu konektatuentzako kontrol-sistema.

Kudeaketa sistemak helburu bezala ibilgailuen konponketarako tailerrak ditu, penintsulako bi estatuetako tailerrak hain zuzen ere, hortaz espainiarrak eta portugaldarrak, eta horregatik interfazea elebiduna izango da, kokapen herrialdearen hizkuntza nagusia izango da defektuz erabiliko dena. Aplikazio honekin, tailerrak konpondu diren ibilgailuak erregistratuko ditu, eta baita ibilgailu horien jabe diren bezeroak ere. Fakturen kudeaketa eta kontrola ere egingo da. *Euskal Autonomia Erkidego*koak diren eta aplikazio honetan interesa eduki dezaketen bezeroengan pentsatuz, eta euskal foru ogasunek BEZ zergaren aitorpena bide telematikotik egitea onartzen dutenez, sistema honek BEZ aitorpenen prestaketa, bidalketa eta ordainketarako behar diren funtzioak eskaini ahalko du ere. Iruzur fiskalaren kontra borroka egiteko, foru ogasunek BEZ-aren berehalako aitorpena ezartzea aztertzen ari dira, hau faktura jaulki bezain laster burutuko den aitorpena izango da. Ogasunek dagokien legea onartzen dutenean eta beharrezkoa den protokoloa ezartzen dutenean, produktu-lerroa egokitu egin beharko da, horrela behar duten bezeroek jaulkitako faktura bakoitzarekin BEZ-aren aitorpena burutu ahal dezaten.

Ibilgailuen konponketarako askotan aseguru-etxeekin komunikazioa izan behar da: tailerrek perituaren bisita eskatu behar dute, bere txosten teknikoa eskuratu, etab. Aseguru-etxe askok beren sistemekin harreman telematikoa edukitzeko bideak eskaintzen dituzte, baina oraindik estandarizatu gabe daude, horregatik kudeaketa sistemak gaur egun eskura dauden aukera desberdinak kontuan hartu behar ditu, kudeaketa sistemako bezero bakoitzak bere enpresak aukera ditzan, zeintzuekin lan egin behar duen hain zuzen: *Mapfre, Zurich, Allianz, AXA*, Lagun-Aro, *Fidelidade, Lusitania*. Lehenengo lau aseguru-etxeak multinazionalak dira, baina *Lagun-Aro*ren lan esparrua Espainia da eta *Fidelidade* eta *Lusitania*rena Portugal da. Komunikazio telematikoak eskaintzen ez dituzten aseguru-etxeekin lan egiten duten tailerrentzat, sistemak defektuzko komunikazio bide bat eskainiko du, e-mail bidez.

Espainian matrikula berrien jaulkipena eskatzeko, matrikulen kopia egiteko, etab.erako *Trafikoko Zuzendaritza Nagusia*k zenbait tailerri baimena ematen die. Tailer horiek hainbat kudeaketa lan burutu behar dituzte, Trafikoko aplikazioarekin konektatuta. Deskribatu den kudeaketa sistemak ataza horiek integratu ahalko ditu tailer espainiarrentzat.

4.14.2 Use Cases of Management System for Auto Repair Shops

Ondorengoko erabilpen-kasuen diagrama osatu, aurreko ezaugarri diagrama eta jarraian zehazten den deskribapena kontuan hartuz. Osatuk esan nahi du erabilpen-kasuen diagramak "adornatzea", egokia den estereotipoa jarriz eta aipaturiko erabilpen-kasuen artean elkarketak ezarriz. Hori guztia horrela beharrezkoa bada.

Issue invoice (*faktura jaulki*) izeneko EK-ak datu-basetik bezeroaren eta konpondutako ibilgailuaren datuak eskuratzen ditu eta ***Add repair*** (*konponketa gehitu*) EK-rekin burututako konponketaren datuak erregistratzen ditu. Ibilgailua tailerrera etortzen den lehenengo aldia izanez gero, lehendabizi ***Register vehicle*** (*ibilgailua erregistratu*) EK-rekin ibilgailua eta bere jabea erregistratuko dira. BEZ-aren aitorpenerako prestaturiko aplikazio bat hartu bada, faktura jaulkitzean dagokion aitorpena ere burutuko da, ***Create entry for VAT declaration*** (*BEZ aitorpenerako sarrera sortu*).

Request appointment with the expert (*perituarekin hitzordua eskatu*) izeneko EK-ak defektuz e-posta bat bidaliko du erregistraturiko helbidera eta ***Send an email*** (*e-mail bidali*) EK erabiliz. E-posta horretan aseguru-etxeko peritu mekanikoa tailerretik pasatzea eta konpondu beharreko bere ibilgailuetako bat aztertzea eskatuko da. Alabaina, aseguru-etxeak komunikazio telematikorako bidea ezarrita badu, mezu hori komunikazio telematiko batengatik ordezkatuko da, ***Communicate with Insurance Comp.*** (*aseguru-etxearekin komunikatu*) EK erabiliz. Komunikazio hori dagokion aseguru-etxeko sistema informatikoarekin izango da, baldin eta aseguru-etxea nahiz aplikazioa horretarako prestatuta badaude. Komunikazioan lehendabizi konexioa ireki beharko da, ***Create connection*** (*konexioa sortu*) EK-rekin eta aseguru-etxe bakoitzaren sistemaren pauso zehatzak jarraituz.

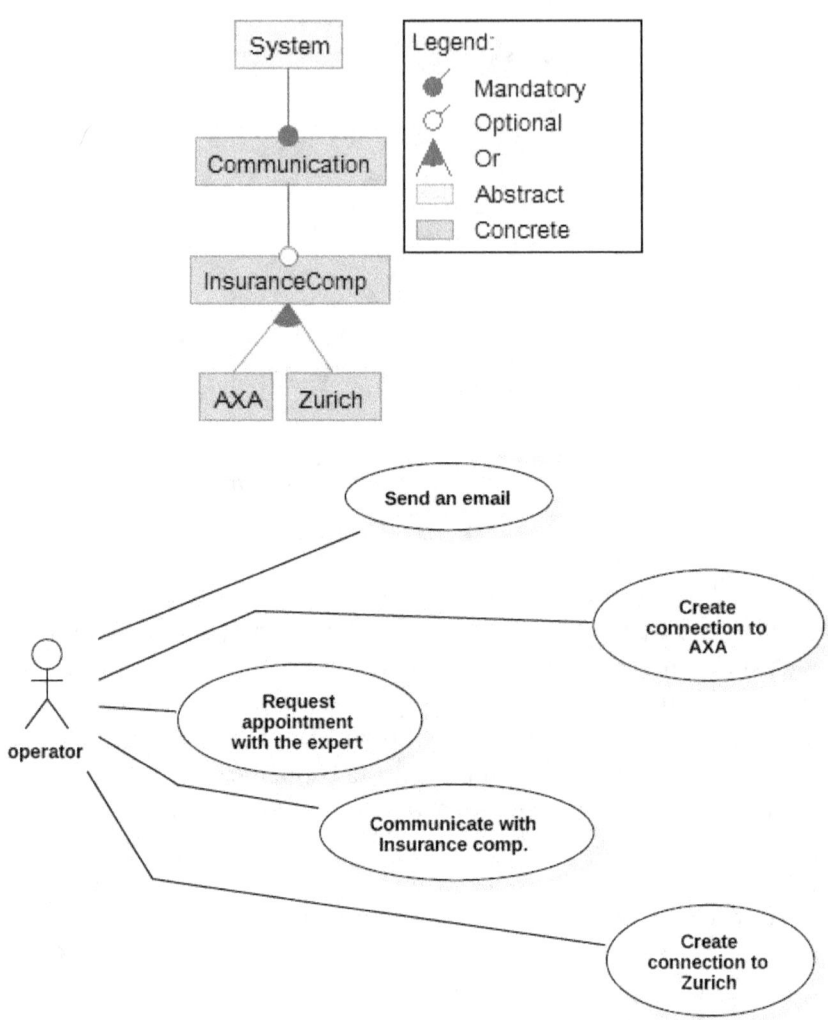

Issue invoice (*faktura jaulki*) izeneko EK-ak datu-basetik bezeroaren eta konpondutako ibilgailuaren datuak eskuratzen ditu eta burututako konponketaren datuak erregistratzen ditu. Baldin eta BEZ-aren aitorpenerako prestaturiko aplikazioa hartu bada eta konponketan BEZ-a aplikatu behar zaien pieza berriak sartu behar izan badira, faktura jaulkitzean dagokion aitorpena ere burutuko da, ***Create entry for VAT declaration*** (*BEZ aitorpenerako sarrera sortu*) EK-rekin. Aplikazioan BEZ-aren berehalako aitorpenaren aukera ere gehitu denean, aitorpena automatikoki bidaliko da **Send VAT declaration** (*BEZ aitorpena bidali*) EK-rekin.

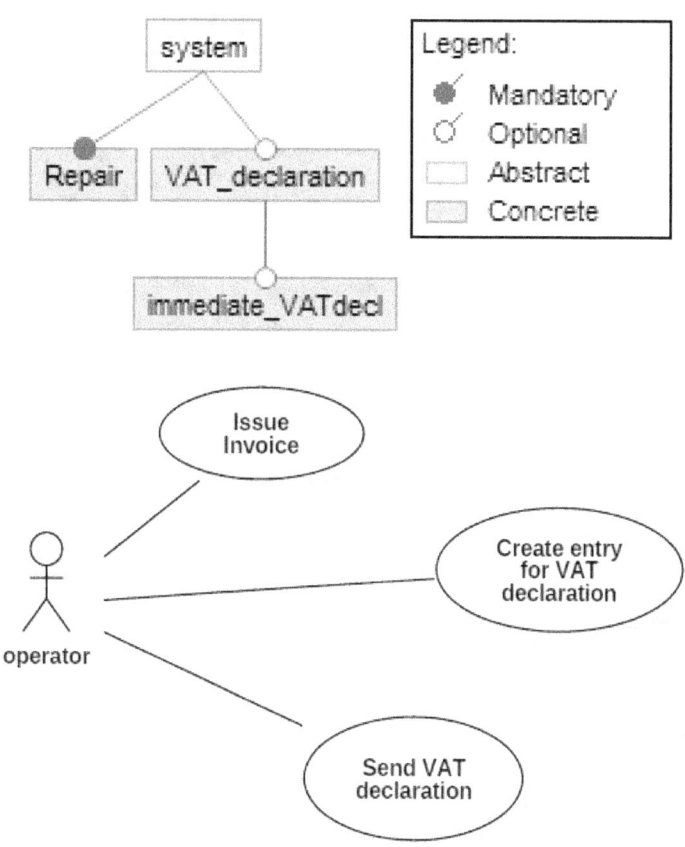

4.14.3 Class Diagram of Management System for Auto Repair Shops

Ondorengoko klase diagrama osatu, ezaugarri diagramak erakusten duen aldakortasunarekin bat etor dadin. 'Osatu'-k esan nahi du klaseak "adornatzea", egokia den estereotipoa jarriz eta aipaturiko klaseen artean elkarketak ezarriz. Hori guztia horrela beharrezkoa bada, eta gehiago gehitu gabe.

Sistemak konponketak eta berauei dagozkien fakturak kudeatzen ditu, hortaz, konponketa (*Repair*) eta faktura (*Invoice*) errepresentatzen ditu.

Aplikazioak BEZ-aren aitorpena ere barneratzen duenean, faktura dagokion BEZ-aren datuekin (*VAT_declaration*) osatuko da, eta gainera aitorpen hori berehalakoa izan behar bada, datu osagarriak gehituko dira (*Immediate_VAT*), esaterako aitorpenaren data eta ordua, eta erabilitako konexio telematikoaren datuak.

4.15 Vending Machines

4.15.1 Variability of Management System for Vending Machines

Honako domeinuaren aldakortasuna: *Ibilgailu konektatuentzako kontrol-sistema.*

Vending makina era askotako artikuluak saltzeko den makina da, esaterako kafea, edari freskagarriak, ura, txokolatinak, opilak, eta baita ere, farmazia produktuak, liburuak, eta abar gero eta luzeagoa. Jende asko biltzen den gunetan kokatu ohi dira: eskolak, ospitaleak, aireportuak, etab.

Produktua emateko makinak duen mekanismoaren dinamikaren arabera, hiru mota bereizten dira: produktuaren (esaterako, kafea, zukua edo ura) prestaketaren bat egin (barnean kokatzen diren ontzietan biltegiratzen diren osagaiak erabiliz) eta birziklagarria den basotxo batean ematen dutenak (makina hauek pintza gehigarri bat eduki dezakete, basotxoa hobeto heltzeko eta produktuaren prestaketan zehar nahi gabe isuri edo barreia ez dadin); produktuak errail bertikaletan antolatuta dituztenak, palanka batek erraileko produktuak eusten ditu eta irekitzen denean produktu bat erortzen uzten du; errail horizontalekin eta produktuak bereizgailu birakari baten bitartez bereizten dituztenak, produktua aukeratzen denean, bereizgailua bueltaka hasten da eta produktua erori egiten da. Makina hauen elementu mekanikoak, bai izendatu direnak bai hemen aipatu ez direnak direla eta, horien kontrolak sisteman funtzionalitateak gehitzea esan nahi du, esaterako, palankaren egoera aztertzeko, palanka irekitzeko, bereizgailu birakaria abiarazteko, barneko osagai-ontzien egoera alderatzeko, basotxoaren pintza irekitzeko edo ixteko, etab. Gainera, basotxodun makinek erabiltzaileak basotxoaren erabilpena ezereztatzeko funtzioa eduki lezakete, eta horrela erabiltzaileak bere ontzia edo taza jar dezan. Gaur egun basotxoak polipropilenozkoak (PP) dira, baina laster kartoi biodegradagarrizkoak (BD) sartzea ere aurreikusten da.

Makinek teklatua dute eta display pantaila bat. Produktuen aukeraketa egiteko eta hau zuzena dela egiaztatzeko eta abarrerako erabiliko den teklatua, baliozko aukeren zerrenda duen bat izan daiteke (erabiltzaileak zerrenda horretatik nahi duen produktua aukeratuko du, teklatuak eskuragai dauden produktuen aukerak bakarrik aktibatzea kontrolatu beharko du) edo teklatu alfanumerikoa izan daiteke (non erabiltzaileak aukeratutako produktuari dagokion zenbaki/letra konbinaketa tekleatu beharko duen; teklatuak konbinaketa baliozkoa dela egiaztatu beharko du). Display-ari dagokionez, aukeratutako kodea, produktuaren prezioa eta sartutako kopurua pantaila horretan erakutsiko dira, eta gainera, makinarentzat informazio nutrizionalaren aukera gehigarria hartua izan bada, aukeratutako produktuaren inguruko propietate nutrizionalen datuak ere erakutsiko dira (esaterako, kaloriak, proteinak, gantza kopuruak, etab.).

Produktua kobratzeko, makinek txanponen sistema klasikoa erabil dezakete edo aurre-ordainketako txartel korporatiboa (hauek makinaren jabea den enpresak, adibidez, Azkoyen edo Jofemar-ek, sortzen dituen txartelak izan daitezke, edo makina kokatuko den enpresak, adibidez, CAF, Iberdrola, Lagun-Aro, etab.ek, bere langileentzat sortutako txartelak), publiko orokorragoa duten makinetan (esaterako, aireportuetan) sistema mistoa ere har daiteke. Aurre-ordainketako txartelen sistema kontuan hartu beharrekoa izango da, etorkizun hurbilean contactless erako banku txartelen bitarteko ordainketaren aukera sartu beharko denerako. Zenbait kasutan, segurtasuna dela-eta, hots, txanponen biltegi-kaxa babesteagatik, prezio juxtuko makinek ez dute kanbiorik itzuliko. Hori izango da lehenetsitako portaera, kanbioen itzultzea nahi izanez gero, makinari funtzionalitate hori gehitzea eskatu beharko da, eta horrela makinak eskuragai dagoen txanpon kopurua kontrolatuko du, itzuli beharreko zenbatekoa kalkulatuko du, etab.

4.15.2 Use Cases of Management System for Vending Machines

Ondorengoko erabilpen-kasuen diagrama osatu, aurreko ezaugarri diagrama eta jarraian zehazten den deskribapena kontuan hartuz. Osatuk esan nahi du erabilpen-kasuen diagramak "adornatzea", egokia den estereotipoa jarriz eta aipaturiko erabilpen-kasuen artean elkarketak ezarriz. Hori guztia horrela beharrezkoa bada.

Dispense (*produktua saldu*) izeneko EK-ak, aukeratutako produktua badagoela egiaztatu ondoren eman/saldu egiten du, aukeratutako mekanismoaren arabera modu desberdin batera, EK desberdin batekin, hau da, basotxoarekin (***Dispense with cup*** EK, *basotxoarekin saldu*), errail bertikalekin (***Dispense through vertical rails*** EK, *errail bertikalekin saldu*), errail horizontalekin (***Dispense through horizontal rails*** EK, *errail horizontalekin saldu*). Zehazkiago, **Dispense with cup** EK-ak erabiltzaileak jarritako taza alternatiborik ba ote dagoen egiaztatzen du (makinak *OwnCup* aukera instalatuta daukan kasuan) ***Check if mug*** (*tazarik dagoen egiaztatu*) EK-a erabiliz; eta ez badago, basotxo bat ateratzeko mekanismoa aktibatzen du, ***Extract the cup*** EK-arekin, eta azkenik likidoarekin bete egiten du, ***Elaborate & pour*** EK-rekin.

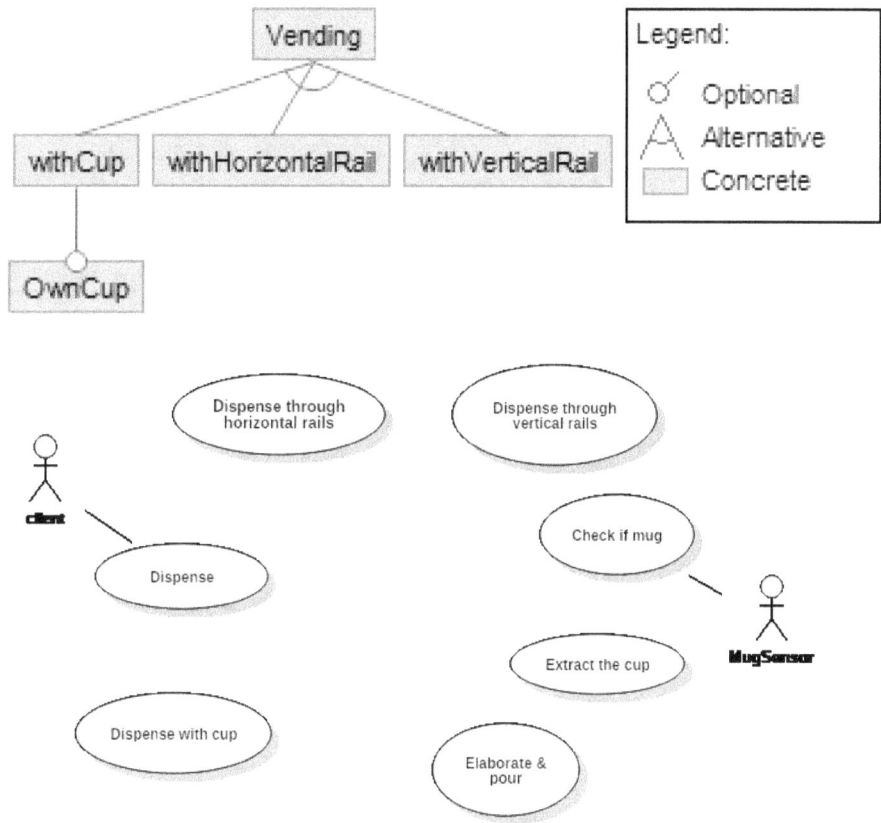

Show info (*informazioa erakutsi*) izeneko EK-ak bezeroak sartutako kodea lortzen du, era desberdinera, EK desberdin batekin, aukeratutako teklatuaren arabera, hau da, aukeren zerrenda duen teklatua (***Read code through choice list*** EK bitartez) ala teklatu alfanumerikoa (***Read code through keypad*** EK bitartez). Ondoren, sartutako kodearekin produktuaren kostua lortzen da (***Get cost*** EK-arekin), eta baita bere propietate nutrizionalen inguruko informazioa (***Get nutritional info*** EK-arekin) makinak *NutritionalInfo* aukera instalatuta daukan kasuan; eta jarraian informazioa *display* pantailan erakusten da (hurrenez hurren ***Show cost*** EK-rekin eta ***Show nutritional info*** EK-arekin (azken kasu honetan informazio nutrizional hori lortzen bada betiere)).

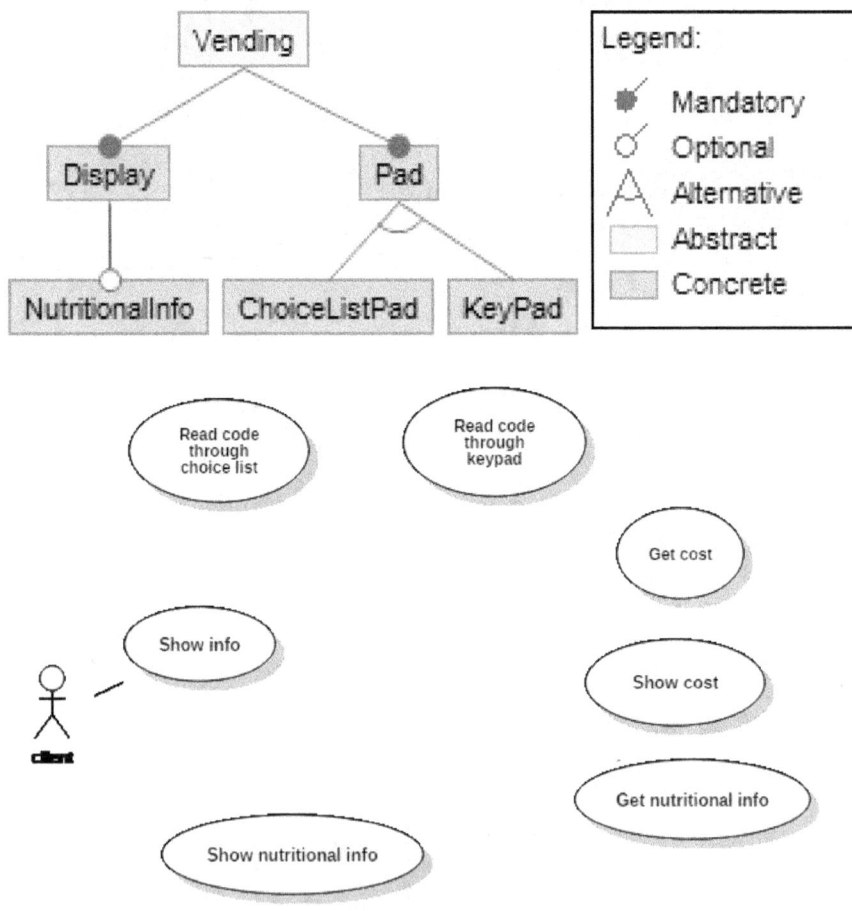

Produktuaren txartela bitarteko ordainketa **Pay with Card** (*ordainketa txartelarekin*) EK-aren bitartez egikaritzen da. Lehenik eta behin txartela baliozkotu egiten da (**Validate Card** EK); makinak banku txartelaren bitarteko ordainketa (*BankCard* aukera) eskaintzen duen kasuan, funtzionalitate hori bankuaren bitarteko baliozkotzearekin osatuko da (**Validate Bank Card** EK). Ondoren, ordainketaren transakzioa burutuko da, txartelaren saldotik kopuru egokia kenduz, eta horretarako **Commit Transaction** EK erabiliz; eta hau bankuko transakzioarekin osatu egin beharko da (**Commit Bank Transaction** EK), banku txartelaren kasuan. Azkenik, makinak *display* pantailan informazio gehigarria erakuts dezakeen kasuan, txartelaren bankuak itzuli duen mezua erakutsiko da (**Show Bank Message** EK).

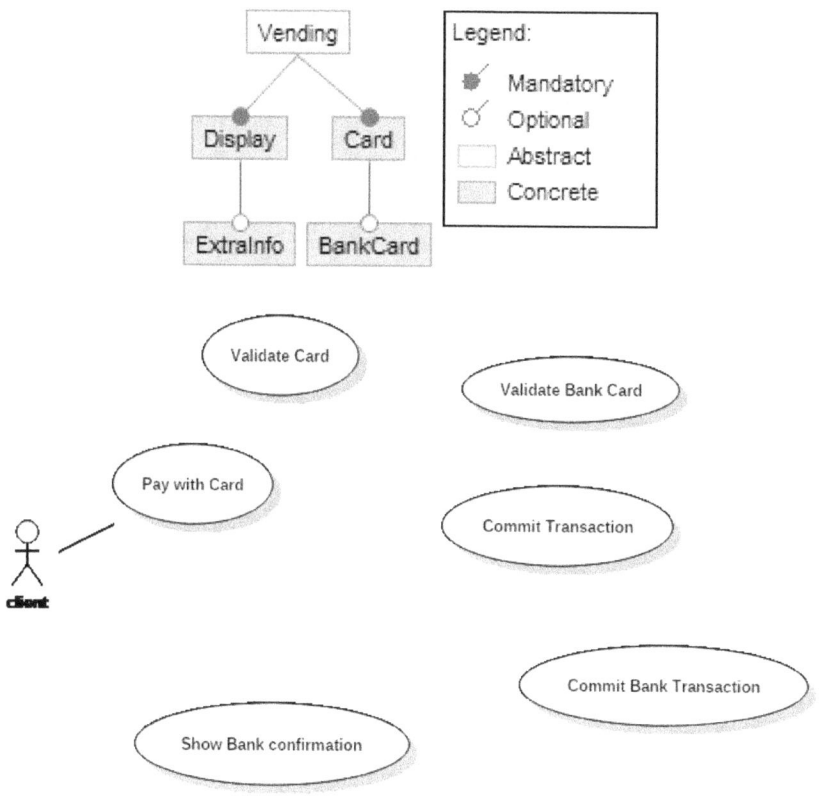

4.15.3 Class Diagram of Control System for Vending Machines

Ondorengoko klase diagrama osatu, ezaugarri diagramak erakusten duen aldakortasunarekin bat etor dadin. 'Osatu'-k esan nahi du klaseak "adornatzea", egokia den estereotipoa jarriz eta aipaturiko klaseen artean elkarketak ezarriz. Hori guztia horrela beharrezkoa bada, eta gehiago gehitu gabe.

Saltzeko makinak (hots, *vending* makinak) zati mekanikoen sentsoreetarako kudeatzaileak behar ditu, hots, kanpotik ekarritako taza detektatzeko sentsoreak, basotxoa eusten duen pintzarako (*clamp*), errail horizontaletan jarritako bereizgailu birakariarentzat (*rotary separator*), errail bertikaletan behar den palankarentzat (*stick*). Makinak kafe, zuku, etab.erako basotxoak dauzkanean, horiek kontrolatzeko kudeatzailea ere behar da (basotxoa badagoen egiaztatu, basotxo bat erortzen utzi, etab.). Bestaldetik, ordainketen kudeatzaileak *display*-ean egunero erakutsitako informazioa log batean gordeko du, eta hori informazio nutrizionalarekin osatuko da, aukera hori gehituta dagoenean. <u>Oharra</u>: jarraian, sisteman beharko litzatekeen klase diagramaren zati bat besterik ez dugu erakusten, eta beraz posible da hauek denak bere artean konektatuta ez egotea eta hauekin konektatuta dauden baina hemen agertzen ez diren beste batzuk ere izatea.